シェアド・リーダーシップ入門

Introduction to Shared Leadership

経営情報学博士
最上 雄太

国際文献社

シェアド・リーダーシップとは
個性豊かなメンバーが互いに変化を与え合い
結果的に、一人ひとりが自律してリーダーの役割を担うことで
チームが機能する状態を指す。

序文

法政大学大学院政策創造研究科教授　石山 恒貴

最上氏との出会い

最上雄太氏と筆者の出会いは、２０１６年12月に実施された人材育成学会の年次大会であった。その大会は、東北大学（仙台市・川内キャンパス）で開催された。同学会の年次大会は首都圏で開催されることが多かった。学会にとっては珍しい地方開催であり、またシンポジウムのテーマは地方創生と人材育成という興味深いものでもあり、大会は熱気に包まれていた。

ただし大会というものは、どの学会であっても長丁場である。最上氏の学会発表は17時からであり、大会のスケジュールの最後に組み込まれていた。最終時間帯の発表ともなれば、大会に熱気がある場合こそ、その疲れが反動にもなり、やや静けさに包まれることが珍しくない。冬の夕暮れに夜の帳が降りはじめる中、最上氏の発表も静けさに包まれながら始まったように記憶している。ところが、である。筆者にとって、最上氏の発表は会場の静けさを根本から覆す衝撃の内容であった。

タテの壁とヨコの壁

大会の発表原稿は、紙幅の関係から先行研究の掲載数は必要最小限に限定されることが多い。しかし最上氏の発表には、通例では考えられないほど数多い先行研究が掲載されていた。最上氏が先行研究の渉猟に力を注いできたことが窺えた。そしてその発表の中核こそが、本書で示されるリーダーシップ研究におけるタテの壁とヨコの壁の二項対立であった。

皮相的にリーダーシップ研究を捉えてみると、すなわち特性研究であると考えてしまうことが多いのではないだろうか。たとえばカリスマ型のように強いリーダーかもしれない。あるいはサーバント型のように、他者に奉仕するリーダーかもしれない。しかしいずれにせよ、リーダー個人にどのような特性があるのかという点に関心がある研究だ。これがタテのリーダーシップ研究である。

しかし、解明されたリーダー個人の特性が、いついかなる時であっても他者に効果的な影響を与えるとは限らない。そこで、リーダーシップが発揮される状況に研究関心が及ぶ。これが特性研究批判であり、ヨコのリーダーシップ研究である。

実証主義的認識論と社会構成主義的認識論

タテの壁とヨコの壁は、なぜに二項対立に陥るのか。それは、両者の認識論が異なるからである。Uhl-Bien（2006）によれば、実証主義的認識論とはリーダーシップ現象を客観的に観察可能な実在的な対象とみなす認識論であり、社会構成主義的認識論とはリーダーシップ現象は人々の主観的な意味づけによって相互依存的に構築され、関係的に説明されるものとみなす認識論である。

実証主義的認識論では、リーダーシップは個々の人間関係のなかですでに「組織化されている」様態であり、ある個人の活動の一方向の因果関係（特性論）に還元され、研究は個人レベルの変数を用いて操作的に行われる(Uhl-Bien, 2006)。しかし社会構成主義的認識論は、個人の変数に依拠し単純化してしまうリーダーシップの特性論では複雑化する社会と組織の現実を捉えきることはできず、とりわけ社会的プロセスとしてのリーダーシップ現象を看過してしまう、と実証主義的認識論を批判する。したがって社会構成主義的認識論におけるリーダーシップとは、そのコミュニティ独特の歴史的及び文化的における社会的現実が発生するプロセスそのものであり、動的・通時的に捉えるべきものと考える(Dachler, 1992 ; Dachler & Hosking, 1995 ; Drath, 2001 ; Hosking, 1988)。

すなわち、実証主義的認識論はタテの壁の根拠となる。そして、社会構成主義的認識論はヨコの壁の根拠となる。しかし、両者の相克は大きい。実証主義的認識論では、リーダーの特性は客観的に存在し、認識できる本質的なものと考える。しかし社会構成主義的認識論は反本質的であり、世界の本質を反映する正解はないと考えるため、正解であるべきリーダーの特性に疑いを持つ。この相克を乗り越えることは難しいように見える。リーダーシップ研究においては実証主義的認識論と社会構成主義的認識論による分断が生じているとも考えられる。

―シェアド・リーダーシップと再帰性―

東北大学での発表の際には、最上氏はこの相克について検討を始めたところであった。そのため、その相克を乗り越える方向性が明確に示されることはなかった。しかし、そもそも実証主義的認識論に基づく特性研究（タテの壁）が優位にみえるリーダーシップ研究において、こうした深刻な相克を示したことに最上氏の発表の意義はあった。そのため、筆者はその発表に強烈な印象を抱いたのだった。

この発表をきっかけとして、最上氏と筆者の交流は始まった。そしてこのたび、多摩大学での博士論文の成果に基づき、本書が上梓された。本書の出版に心よりお祝い申し上げたい。そして博士論文を経て、リーダーシップ研究の相克を乗り越える視角として、最上氏はシェアド・リーダーシップに注目するに至った。シェアド・リーダーシップによって相克は乗り越えられたのか。この点は、本書を手に取ることで、まさに読者に判断いただきたいと思う。

最後に付け加えれば、最上氏が用意した相克を乗り越える有力な概念が再帰性である（最上・阿部，2019）。個人は社会に影響を与え、影響を与えられた社会が再帰的に個人に影響を与える。リーダーは個人の特性を基盤としつつ社会的に構築されていくが、そのリーダーが社会に影響を与え、社会が再帰的に個人としてのリーダーに影響を与えていく。再帰性を鍵概念としつつ、シェアド・リーダーシップは実証主義的認識論と社会構成主義的認識論を架橋できたのか。読者には本書の分厚い記述のエスノグラフィーを堪能してもらったうえで、その解釈を委ねたい。

法政大学大学院政策創造研究科教授　石山 恒貴

Preface

はじめに

本書のテーマは、シェアド・リーダーシップ（Shared Leadership）である。シェアド・リーダーシップとは、個性豊かなメンバーが互いに変化を与え合い、結果的に、一人ひとりが自律してリーダーの役割を担うことでチームが機能する状態を指す。ここで言う「自律的」とは、他者からの命令や指示からでなく、自らの意思で主体的に考え動くことを意味する。

コロナ禍により人々の働き方が激変し、新しい価値観を持った世代がチームの戦力となった。各種AI技術の発展により知のあり方が急激に転換する世界で、リーダーの経験的な知識だけに依存して組織を牽引していくことは困難である。公式なリーダーの重要な役割は、ビジョンや目標を権威的に示す指揮統制のマネジメントから、フォロアーとの相互作用のなかから操作的でない形でチームをリードしていく関係調整のマネジメントへとシフトしている。ゆえに、個人の自律性を志向するシェアド・リーダーシップは今後ますます重要となってくる。

シェアド・リーダーシップが成立する状態は、オーケストラが作り出すハーモニー（Harmony）に例えられる。指揮者（リーダー）は、演奏者に音楽の方向性や表現の指示を与える役割を担い、演奏者

（フォロワー）は指揮者の意図を理解し、自分の楽器を演奏することで、全体で美しいハーモニーを創り出す。ハーモニーは、指揮者の指揮と、演奏者たちの協奏とが複雑に絡み合う相互作用から生み出される。

いま例に挙げたハーモニーのように、シェアド・リーダーシップは、リーダーシップをリーダーがフォロワーに影響を与える垂直方向の関係（本書では**タテの関係**と呼ぶ）に焦点を当てつつ、チーム・メンバー間の水平方向の相互影響関係（本書では**ヨコの関係**と呼ぶ）にも焦点を当てるリーダーシップの新しい捉え方である。リーダーシップの新しい捉え方と書いたが、組織の現場で仕事をしている実務家から見れば、シェアド・リーダーシップの見方はあたり前であり、それが新しいと言うことを奇妙に思うのではないだろうか。実のところ、シェアド・リーダーシップという概念を初めて知った際、私も同じように思った。しかし、実践者の世界で「あたり前」のことが研究者の世界では新しい、このギャップが、シェアド・リーダーシップを取り上げて研究する原動力となった。

ここで、本書の筆者である最上雄太の自己紹介を少ししておきたい。私は、リーダー開発と組織開発の支援業務を行う会社を経営している。現在まで20年、組織で働くリーダーと向き合いながら、「リーダーになる」とはどういうことかを深く考えてきた。２０１３年より博士を目指す研究を開始し、10年間という気の遠くなるような時間を経て、２０２２年3月に博士号（経営情報学）を取得した。現在は、シェアド・リーダーシップ開発の専門家として組織の支援業務を行なっている。

本書『シェアド・リーダーシップ入門』が想定する読者（入門者）は、次の実務家である。第1に、自律的に動く組織・チームのあり方に興味がある企業組織のリーダーである。第2に、第1に当てはまり、これからリーダーシップ論を研究テーマとして修士論文・博士論文を書きたいと思っている社会人大学院生（博士課程前期・後期）の方々である。

本書が、以上の読者に役立つ本になるように、博士論文『シェアド・リーダーシップが発生するメカニズムの質的研究 組織変革チーム「挑戦者の会」のエスノグラフィー』からは大幅に加筆修正している。読者の皆さんの理解しやすさを重視して、記述のスタイルをできる限り平易にする、必要な説明を加える、注記を充実させるなど、拙著博士論文を大幅に再構成している。博士論文原文を、詳しく読みたい方は、多摩大学学術情報レポジトリ（オープン・アクセス）から入手されたい。

さて、現在シェアド・リーダーシップを紹介している書籍や記事を見渡すと、総じて、シェアド・リーダーシップ概念は、あるリーダーがリーダーシップを独占する見方のアンチテーゼとして、メンバー全員がリーダーシップを発揮する見方が強調され紹介される場合が多いようだ。その見方はまったく間違っているとは言えない。しかし、シェアド・リーダーシップの見方は公式なリーダーの存在を否定するものではないことを本書は特別に強調したい。たしかに、チーム・メンバー一人一人が自律的に動くようになることは理想的である。しかし、シェアド・リーダーシップの状態をつくるために、公式なリーダーに焦点を合わせなくなり、その存在感が期待されなくなることは、組織やチームでは現実的に考えにくいのではないだろうか。では、シェアド・リーダーシップをつくるために、公式なリーダーはどのような存在感を発揮しチームメンバーとの関係性を構築していけばよいのか。

本書は、シェアド・リーダーシップがいかに発生するのか、その際にいかに公式なリーダーが関わるのかに焦点を当ててシェアド・リーダーシップを読み解き、その発生プロセスを描くことを目的とする。

以上を本書の目的として、4部の構成で議論を進める。まず第1部では、シェアド・リーダーシップに至るまでのリーダーシップ研究の変遷を整理する。リーダーシップ研究がどのように発展しているか、どのような経緯からシェアド・リーダーシップが注目されるようになったのかを理解する。

次に第2部では、シェアド・リーダーシップの理論と研究方法論について述べる。理論や研究にあまり興味がない方は、この部分は読み飛ばして次の第3部に進んでいただいても構わない。ここでは、まずシェアド・リーダーシップの既存研究を体系的に整理し、未解明点（リサーチ・クエスチョン）を明らかにする。その上で、シェアド・リーダーシップを研究する方法論である解釈的アプローチ、ダイアローグ概念を解説する。

次に第3部では、フィールドワークから得られたデータを用いてシェアド・リーダーシップが発生するプロセスを紹介する。個人主義に傾斜するモノローグ組織から継続的な対話を通じて多声的な組織に転じていく具体的な様態がエスノグラフィーという手法で描かれる。

最後に第4部では、第3部で得られた結果をふまえて結論を述べ、これからのシェアド・リーダーシップ研究と開発について考察を行う。まず、モノローグ組織およびシェアド・リーダーシップの発生について知見を整理する。その後、まず本書が提示した知見についての理論的意義を述べ、その後、実務の現場でいかにシェアド・リーダーシップを作り出すかについて議論を行う。最後に現在進行しているシェアド・リーダーシップ開発の事例を短く紹介して本書の議論を閉じる。

本書は、リーダーシップに関心を持つ皆さん、たとえば、何をテーマとすればよいかがわからない、膨大に存在するリーダーシップの先行研究にどこからあたっていけば良いかわからない社会人大学院の方、リーダーシップを発揮すべき立場にあるリーダー、組織に変化を与えたいと考える経営者の皆さんにとって役立つガイドブックとなることを目的としている。本書が、シェアド・リーダーシップに関心を持つ実務家の皆さんに役立つ一冊となれば幸いである。

2023年7月1日

経営情報学博士　最上 雄太

Contents

目次

序文　法政大学大学院政策創造研究科教授 石山恒貴……2
最上氏との出会い……2
タテの壁とヨコの壁……3
実証主義的認識論と社会構成主義的認識論……3
シェアド・リーダーシップと再帰性……5
はじめに……6
イントロダクション……20
研究への入り口……21
タテの壁とヨコの壁……24
シェアド・リーダーシップとは……27
シェアド・リーダーシップの定義……29

目次

第1部　リーダーシップ研究　31
第1章　リーダー中心アプローチの変遷とタテの壁　32
1　特性研究　─タテの壁の発見─　33
2　行動研究　─特性への回帰─　35
3　コンティンジェンシー研究　─タテの壁の克服に向けて─　36
4　ニューリーダーシップ研究　─再び特性へ─　38
第2章　関係アプローチとヨコの壁　41
1　社会構成主義とは　42
社会構成主義の基本的特徴　42
従来的な研究に向けられたガーゲンの批判的態度　44
2　関係アプローチの視座とは　46
「実在視点」と「関係視点」　46
関係アプローチの諸研究　48
ホスキングおよびダーラーの研究　49
ドラスおよびハーステッドとガーゲンの研究　50
3　タテの壁とヨコの壁によるいきづまり　52
第3章　シェアド・リーダーシップとは　54

シェアド・リーダーシップの特徴……54
シェアド・リーダーシップの効果……58
シェアド・リーダーシップの未解明点……60

第2部　理論と方法

第2部　理論と方法……63

第4章　シェアド・リーダーシップの先行研究

第4章　シェアド・リーダーシップの先行研究……64
先行因子……64
公式なリーダーに関わる先行因子：タテの関係……65
チームの特徴に関わる先行因子：ヨコの関係……67
結果因子……68
個人レベルの結果因子……68
チーム・レベルの結果因子……69
組織レベルの結果因子……70
リサーチ・クエスチョン……71

第5章　解釈的アプローチ

第5章　解釈的アプローチ……74
「事例研究」との相違点……75
事例解釈の妥当性……78

エスノグラフィー……79
第6章　ダイアローグ概念……82
1　ダイアローグとは……82
双方向に変化を与え合う関係……83
意味の創出……84
継続的なプロセス……85
2　ダイアローグ概念を用いた分析枠組み……88
第3部　エスノグラフィー……93
第7章　フィールドワークの概要……94
1　Z支社の概要……94
2　調査方法……98
分析データ……98
分析方法……99
第8章　モノローグ組織……101
1　モノローグの関係……101
ファースト・コンタクト……101
最初の対話……105

プロジェクト・メンバーの公募……110
「モノローグの関係」の露呈……112
不満の蔓延……116
2 成果主義による狭窄……117
数字を出すという唯一の価値……118
よそよそしい上司部下の関係……120
個人主義への傾斜……122
道徳の軽視……124
怒られても気にしない……126
「できない」と言う実践……128
モノローグの関係の再現……129
3 モノローグ組織の様相……132
上野のコミット……132
上野をめぐるモノローグの関係……136
改善者の会の収束……137
モノローグ組織の様相……139
第9章 モノローグ組織からの脱却……143
1 挑戦者の会の発足前夜……143

目次

2「慚愧」の表明 146
上野の語り 146
「慚愧」の表明 153
うまくいってない現実をみつめる 156
決済書マネジメント 160
SNS日記の導入 161
3「モノローグの自覚」 162
モノローグの自覚 165
「やってみる」―心の改善を意識する― 168
「やってみる」―指導不足を反省する― 171
「やってみる」―とくとくと話をする― 173
シェアド・リーダーシップの兆候 175
4「慚愧」の共鳴 178
矛盾と揺らぎ1 179
矛盾と揺らぎ2 184
「モノローグの自覚」の強化 189
「慚愧」の共鳴 192
シェアド・リーダーシップの鮮明化 196
5シェアド・リーダーシップの発生 200

あなたが変わるならば私も変わる……201
互いの「やってみる」を承認しあう……205
言うべきことを言い合う……207
リーダーの「慚愧」についていく……211

第4部 まとめと考察……215

第10章 まとめ……216
モノローグ組織の容態……216
シェアド・リーダーシップの発生・三幅対の変容プロセス……218
最終章 これからのシェアド・リーダーシップ研究と開発……221
1 理論的な意義……221
シェアド・リーダーシップ発生を捉える観点……222
公式なリーダーの存在感と再帰性……223
2 シェアド・リーダーシップの効果性……225
3 シェアド・リーダーシップをつくる5つの戦略……226
チームの編成……227
リーダーの意思表明……228

ＳＮＳ日記 230
ダイアローグの場づくり 231
コンサルタントの視点を導入する 232
4　今後のシェアド・リーダーシップ研究 233
シェアド・リーダーシップを開発する試み 233
シェアド・リーダーシップがいかに広がるのか 235
5　シェアド・リーダーシップ開発の最前線 236
あとがき 238
注 240
索引 254

イントロダクション

- もし、リーダーシップが鮮やかなオレンジならリーダーシップ研究は青灰色だ。[1]
- リーダーシップは、地球上において最も観察されているが、ほとんど理解されていない現象である。[2]
- リーダーシップは、足跡はいたるところにあるが、その正体は誰も見たことのない雪男に似ている。[3]

変革リーダーシップを提唱した歴史学者のバーンズが「リーダーシップは、地球上において最も観察されているが、ほとんど理解されていない現象である」と揶揄するように、「リーダーシップ」という言葉は日常的に使われていながら、その現象や様態を適切に定義し、十全に説明することは極めて困難である。私がリーダーシップ研究にはまり込むきっかけとなったのは、極めて素朴な疑問である。

リーダーシップとは一体何だろう?

研究への入り口

私は、2013年に青山学院大学大学院博士課程後期に入学当初、リーダーシップ研究全体を鳥瞰できる日本語の本を探していた。そこで、神戸大学金井壽宏教授の『リーダーシップ入門』[4]を手にした。

この本では、リーダーシップ研究創生期から2000年代に隆盛する変革ないしはカリスマ研究に至る古典的な研究および理論の変遷が紹介されている。なにより、巻末の文献案内が充実しており、当時の私のような、これからリーダーシップを研究したいが、最初に何を見れば良いのかわからない、と考える者にはありがたい文献リストが載っている。

私は、その文献リストから、G.ユクルによる『リーダーシップ・オーガニゼーション 第8版』(Leadership organizations 8th edition)[5]というリーダーシップ・テキストの存在を知った。これを読めばリーダーシップ研究について知りたいことはまずほとんど見つかると金井が言うように、ユクルのテキストには多彩な切り口でリーダーシップ研究が紹介されている。

英語の文献を読むことには慣れていなかったが、英和辞典を駆使して読み進めていくなかで、リーダーシップの実証研究が実に多彩なテーマで行われていることを初めて知った。リーダーシップに関する研究分野の多さに、驚き、圧倒されたと記憶している。私は、このテキストを読むことで、リーダーシップ研究の奥深さを体感した。一方、テキストの終盤で、見逃せない一文に遭遇した。それは、終章の冒頭でユクルが語る内容である。

リーダーシップのフィールドは、何十年もの間、動揺と混乱（ferment and confusion）の中にあった。効果的なリーダーシップを理解するために数千件の実証研究が行われたが、これらの研究の結果のほとんどは、弱く（weak）、一貫性がなく（inconsistent）、解釈が困難（difficult to interpret）なものだった。このフィールドの混乱は、膨大な数の出版物、アプローチの違い、紛らわしい用語の乱発、研究の焦点が狭いこと、単純化した説明を好むこと、弱い研究手法に頼りすぎることなどに起因している。古い格言にあるように、木を見て森を見ることは困難である（pp.388-389）。

ユクルは、これまでリーダーシップ研究がもたらしたほとんどの結果が不十分で、満足のいく結果が得られていないと喝破している。私は、この言説から、次の疑問を抱いた。

膨大な研究蓄積があるのに、「何もわかっていない」というのはどういうことか？

文献をさらに調べると、著名な研究者による「何もわかっていない」という言説が見つかった。たとえば、２０００年代では、リーダーシップの百科事典的テキストThe Bass Handbook of Leadership: Theory, Research, and Managerial Applications.[6] 著者のバスとバスが、終章の冒頭で以下のように述べている。

多くの研究者が何もわかっていないという理由は、研究者が首尾一貫した結果を得ていないからである。

首尾一貫の欠如は、知識の不足に起因する。首尾一貫した結果を得るために、研究者は変数の複雑性を説明しなければならない、そして何が起きているかを理解しなければならない(p.1206)

バスとバスは、「何もわかっていない」という言説は研究者の知識不足、すなわち首尾一貫した結果が得られていないこと、リーダーシップという現象が認められる際に何が起きているかを説明できていないことが原因であると述べている。どうやら、リーダーシップ研究者に「何もわかっていない」という言説が存在していることは間違いなさそうである。

さらに1970年代まで時代を遡り、このバスとバスのハンドブックの第1版Handbook of Leadership: A Survey of Theory and Research.[7]の冒頭でも、ストッディル の「何もわかっていない」という言説を見つけた。ストッディルは、リーダー中心アプローチのなかで最も古典的な特性研究の研究者として知られる。ストッディルは、このハンドブックで次のように述べている。

40年のリーダーシップ研究は、途方に暮れるほどの大量の発見を生み出した。特殊な問題を扱うおびただしい調査研究が行われてきたが、一つも有効な研究はなかった。繰り返される研究から、どんな研究であっても納得ができない。終わることのない経験的なデータは、リーダーシップの統合的な理解を提供してこなかった。(Stogdill, 1974, p. xvii)

過去40年間のどんな研究にも納得ができない、というストッディルの言葉から、ユクルが語るリーダーシップ研究フィールドの「動揺と混乱」は、1970年代から始まっていたと理解できる。

私は、著名な研究者をもってしても「何もわかっていない」なら、むしろその内実を明らかにする研究をやりたいと考えた。無謀と言われるかもしれないが、このような純粋な探究心が、博士論文執筆という途方もない挑戦に立ち向かっていくモチベーションとなった。

タテの壁とヨコの壁

リーダーシップ研究の変遷を見ると、その着眼点は大きくタテの関係からヨコの関係へと展開している。1900年代から始まったリーダーシップ研究では、リーダーシップをリーダーである上司に帰属しフォロワーである部下に行使される特定の特性や能力とみなすタテの関係に着目する研究（この研究を以下ではリーダー中心アプローチと呼ぶ）が行われ、リーダーに帰属する特性がリーダーシップに影響を与えていることを支持する多様かつ膨大な実証結果が出された。しかし、その一方で、リーダーに帰属する特性のみではリーダーシップ現象を十全に説明できないという限界が追認され続けてもきた。つまり、リーダーシップ概念はタテの関係だけでは説明できないというタテの壁である。

このようなタテの壁への反省的な研究として、ヨコの関係に焦点をあてる、リーダーシップを社会構成主義（social constructionism）[8]に依拠した社会的プロセスとみなす研究が現れる。この研究を以下では関係アプローチ（relational approach）と呼ぶ。社会構成主義の基本的特徴は次章で紹介するが、ここでは人々が日常的実践のなかで作り上げる意味は、個人の頭のなかで作られるものではなく関係からもたらされると捉える研究上の立場であり、考え方としておく。

関係アプローチは、社会構成主義の見方に依拠するリーダーシップの視座である。関係アプローチでは、リーダーシップを、リーダーに帰属する属性としてではなく、人々がコミュニケーションを通じて作り合う関係＝社会的プロセスとして捉える。関係アプローチは視座であるため、このアプローチ自体ある特定の現象を説明しない。関係ないしはプロセスからリーダーシップを読み解くレンズ＝見方を提供する。なお、本書では、集合的（collective）、文脈的（contextual）ないしは関係的な（relational）プロセスを、総称して社会的プロセスと呼ぶ。

社会的プロセスに関わる研究を挙げれば、複雑性リーダーシップ（complexity leadership）[9]、チーム・リーダーシップ（team leadership）[10]、分散リーダーシップ（distributed leadership）[11]、エマージェント・リーダーシップ（emergent leadership）[12]、セルフ・リーダーシップ（self leadership）[13]、そして、本書で詳しく取り上げるシェアド・リーダーシップ（shared leadership）[14]がある。

図表1　タテの関係とヨコの関係の定義と2つのアプローチ

タテの関係	ヨコの関係
リーダー中心アプローチ	関係アプローチ
リーダーシップをリーダーという個人に帰属する特性とみなす	リーダーシップを社会構成主義に依拠した社会的プロセスとみなす
タテの壁とは リーダーに帰属する特性のみではリーダーシップ現象を十全に説明できないという限界	**ヨコの壁とは** リーダーシップの焦点をヨコの関係へと転換することで、タテの関係が軽視されてリーダーシップの理解が限定される限界

ここで挙げた研究については、ヤマリノら[15]、ズーら[16]の論文で網羅的にレビューされているので詳細はこちらを参照されたい。また、私の博士論文でも比較検討しているので参考にしてほしい。

現行の関係アプローチでは、従来的なリーダー中心アプローチに批判的な立場を取ることが過度に強調され、長年の研究蓄積で自明であるはずの、リーダーシップに影響を及ぼすリーダーの振る舞いの側面がおざなりになっていた。リーダーシップを十全に捉えるためにタテからヨコへと観点の拡張を試みたら、リーダーシップに重要な関わりがあるリーダーの存在感を喪失したのだ。これが、リーダーシップ概念はヨコの関係だけで説明しきれないというヨコの壁である。

タテの関係とヨコの関係の定義と2つのアプローチを整理すると、図表1のとおりとなる。

リーダーシップという現象を十全に捉えようとするならば、タテの関係だけでは不十分であり、ヨコの関係だけでも不十分である。両者を同時に捉えるアプローチが必要となる。このように、リーダーシップ研究は、タテの壁とヨコの壁という二項対立によるいきづまり状態となっていた。

シェアド・リーダーシップとは

繰り返しになるが、シェアド・リーダーシップとは、個性豊かなメンバーが互いに変化を与え合い、結果的に、一人ひとりが自律してリーダーの役割を担うことでチームが機能する状態を指す。これはつまり、公式なリーダーとフォロワーがチーム・レベルで影響を及ぼしあう関係性のダイナミズムと言える。リーダーシップをリーダーという個人に帰属する特性とみなさず、チーム・レベルの社会的プロセスに着目するため、関係アプローチに属するが、タテの関係も捉えようとする点で関係アプローチの拡張版と位置付けられる。この状態には、タテであり、ヨコでもあるという、いま述べたいきづまりを乗り越えるポテンシャルが備わっている。

シェアド・リーダーシップでは、**公式なリーダーの振る舞いの変化がフォロワーやチームに変化を与え、チーム・レベルの変化が公式なリーダーやフォロワーの振る舞いに変化を与えると**前提する。その核心は、タテとヨコの関係は密接不可分に変化を及ぼし合いチーム・レベルのリーダーシップを生成するという事象の捉え方にある。

オーケストラのメンバーのなかで、指揮者は、唯一音を出さない存在である。指揮者の役割は、作曲家が残した楽譜を読み込み、作曲者が楽曲に込めたメッセージを解釈し自身のゆるぎない音楽観を含めて奏者に伝えること、そして、演奏のなかでテンポや表現のニュアンスを整えることである。実際に音を出すことができないからこそ、指揮者は**奏者が持っている技術や音楽性を引き出さなければならない。**奏者は、一人一人が高度な演奏技術を持った演奏のプロフェッショナルである。指揮者の指揮棒の動きだけでなく、指揮者の表情や身振りなどから、メッセージを感じ取り、自らが奏でる音で指揮者に応答する。

オーケストラの演奏には、コミュニケーションや協力が欠かせない。奏者たちは、音楽の方向性やテンポなどを合わせるために、リハーサルを重ね、互いに意見を出し合う。その結果、個々の演奏技術が向上し、全体のハーモニーに貢献する。

わが国におけるシェアド・リーダーシップ研究の第一人者であり、『シェアド・リーダーシップ』の著者である立教大学経営学部石川淳教授は、**シェアド・リーダーシップは日本の組織にこそ適合性が高い**と述べている。なぜなら、日本の組織では、個人の職務規範が曖昧であり、相互に助け合いながら職務を遂行する必要があるため、リーダー以外の人が自ら考え自主的に動くことが求められるからであるという（石川, 2016）[17]。

シェアド・リーダーシップの定義

リーダーシップは、長い間、リーダーに帰属している独特の特性や行動たとえば、知性、判断力、部下を巻き込む力などであるとみなされてきた。オーケストラの指揮者だけにまなざしを向けてきたのである。

タテの関係を重視する従来のリーダーシップの考え方では、リーダーが力強くメンバーを統制し指示や命令を行うことで、そのリーダーにフォロワーがついていくという個人と集団の関係がイメージされる。カリスマ型のリーダーシップ・スタイルはその典型である。シェアド・リーダーシップは、リーダーから指示や命令を受けずフォロワーが主体的に自ら考えて行動するメンバー・シップを想定している。本書では、シェアド・リーダーシップを次のように定義する。

公式なリーダーの振る舞いの変化がフォロワーやチームに変化を与え、チーム・レベルの変化が公式なリーダーやフォロワーの振る舞いに変化を与えることで、チームメンバー各々が、自律的に考えて行動しているが、チーム全体としては調和している状態

シェアド・リーダーシップは、現在進行形の状態として捉えられるべき現象である。すなわち、リーダーやフォロワーの振る舞いのある瞬間を切り取ったスナップショット（静的な状態）から説明されるものではなく、リーダーとフォロワーの日常的実践を追跡することでわかる経時的なプロセス（動的な状態）から説明される。

第1部 リーダーシップ研究

Part 1
Leadership Research

私は「何もわかっていない」という言説と出会い、そこから文献調査を開始した。そして、リーダーシップ研究に何か越えられない壁があるのではないかと考えるようになった。この謎を解く手がかりは、リーダーシップを捉える視点の転換 一タテの関係からヨコの関係へ一 にあった。

第1章 リーダー中心アプローチの変遷とタテの壁

本章では、リーダーシップ研究について[18]、タテの関係に着目するリーダー中心アプローチの変遷を辿り、リーダー中心アプローチの諸研究がいかにタテの壁という限界にぶつかってきたかを見ていきたい。ここでは、次の4研究の変遷を紹介する。

① 特性研究
② 行動研究
③ コンティンジェンシー研究
④ ニューリーダーシップ研究

まず、リーダーシップ研究創始期の古典的な特性研究の批判的検討を行う特性研究[19]でタテの壁が最初に指摘される。しかし、続くリーダー行動に着目する行動研究[20]では、タテの壁から目を逸らし特性への着目に回帰してしまう。その後、フィードラーを代表とするコンティンジェンシー研究[21]では、タテの壁の克服に向けた実証研究が行われるが、実証作業は極めて困難であることが明らかとなる。その後、カリスマ的なリーダー特性に着目するニューリーダーシップ研究[22]が立ち上がり、再び特性への着目に回帰するが、特性研究と同様にタテの壁が指摘される。いま述べた内容をまとめると図表1-1のとおりとなる。では、まず特性研究から順次見ていこう。

1 特性研究 ― タテの壁の発見 ―

カーライル（Carlyle）[23]などリーダーシップ研究創始期の古典的研究の批判的検討を行う特性研究が行われた。その研究のひとつ、イントロダクションで取り上げたストッディルによる1948年の研究ではじめてタテの壁が指摘される。

ストッディルは、1904年から1948年までに行われた124に及ぶ古典的な特性研究のレビューを行った。そして、リーダーシップの効果性と関連していると考えられる主要なリーダー特性として次の6項目を抽出した。①能力、②業績、③責任、④参加、⑤地位、そして⑥状況である。

この結果を示した上で、ストッディルは結論にて次の3点を述べている。第1に、抽出した6つのリーダー特性についてリーダーシップの効果性と一定の相関が認められること。第2に、一定の相関は認められるものの、十分かつ例外なくリーダーシップと相関を示すリーダー特性は皆無であること。第3に、以上をふまえれば、リーダー特性のみでリーダーシップ発生を説明したり、リーダーを予測したりすることは難しいということである。以上より、ストッディルは、自身が提出した研究結果は論証に至っていないと結論していることがわかる。結論で述べる一文を見てみよう。

図表1-1 **リーダー中心研究とタテの壁挑戦の歴史**

	研　究	タテの壁挑戦の歴史
1	特性研究 1940～	タテの壁が最初に指摘される
2	行動研究 1950～	タテの壁を看過し特性に回帰
3	コンティンジェンシー研究 1960～	タテの壁の克服に向けた実証研究が開始されるが実証困難にぶつかる
4	ニュー・リーダーシップ研究 1970～	タテの壁を看過し特性に回帰するが、タテの壁が再び指摘される

人は、特性の組み合わせによってリーダーとなるわけではない。なぜなら、リーダーの個人的な特性のパターンは、活動性およびフォロアーのゴールとかかわりを持つからだ。リーダーシップは、絶え間なく変化し続ける変数の相互作用を考慮しなければならない。・・十全なるリーダーシップの分析は、リーダーそのものの調査のみならず、状況的な要因の調査が含まれることが明確となった。(Stogdill, 1948, pp.64-67)

一見すれば、ストッディルの結論は特性研究の無効を指摘しているように見える。しかし、ストッディルによる結論の真意は、リーダーという主体に限定された分析ではリーダーシップを完全に理解するには不十分で、そのためには状況的・文脈的要因を統合しなければならないというリーダーシップを捉える限界の示唆にあった[24]。このストッディルが示唆する限界を、本書ではタテの壁と呼ぶ。

ストッディルが示唆する限界＝タテの壁

タテの壁は、1940年から50年代にかけて他の特性研究の研究者から次々と追認され、ほぼ同じ結論が提出された[25]。このことから、イントロダクションで紹介した1974年のストッディルによる「何もわかっていない」という言説は、ストッディルが限界を示唆してから26年が経過してもタテの壁を乗り越えていないというリーダーシップ研究フィールドに向けられた批判であったと理解できる。

2 行動研究 ― 特性への回帰 ―

しかし、1950年代から活発化した行動研究では、ストッディルらから指摘されたタテの壁は看過され、注目はリーダー特性に回帰した。

行動研究では、効果的なリーダーとそうでないリーダーを識別する重要な決定因子の調査が行われた。行動研究では、リーダー行動を記述する測定尺度（以下測定尺後）の開発とリーダー行動の主要な次元の確定に最大の関心が寄せられ、リーダー行動の次元（配慮行動と課題行動）と分析の枠組み（両次元が高いときに効果性が認められる：Hi-Hi型）といった理論的体系化が行われた。

金井[26]は、新たな測定尺度が開発されたという行動研究の学術的貢献を認めた上で、両次元が高いときに効果性が認められるHi-Hi型がなぜ有効なのかという理論的根拠が欠如していると批判している。金井によれば、Hi-Hiパラダイムは当然の事実を確認したにすぎず、むしろ、理論体系化によって研究上のブレイクスルーが起きにくくなっていると言う。

他の批判として、たとえば、ユクルは、行動研究の結果のほとんどは妥当性に欠け、かつ導かれる結論は矛盾していると指摘している。[27] さらに、ギブは、行動研究におけるリーダー行動の次元構成は、それらの組み合わせも含めて、ある状況においては有効に作用したが、別の状況においては有効に作用してこなかったと批判している。[28]

このような批判を受けて行動研究は収束し、研究者の関心は次のコンティンジェンシー研究へと推移する。

3 コンティンジェンシー研究 ―タテの壁の克服に向けて―

行動研究の収束期である1960年中頃からフィードラー（Fiedler）の研究[29]（以下フィードラー・モデル）を嚆矢とするコンティンジェンシー研究が開始された。フィードラー・モデルは、ストッディルらの示唆をひきうけて、リーダーシップ・スタイルとリーダーシップ状況との相互作用の実証を試みる初めての研究である。つまり、タテの壁の克服に向けた研究の開始である。

ところで、コンティンジェンシー研究とはどんな研究であろうか。コンティンジェンシー（contingency）とは、必然性が欠如した偶発や偶然を意味する。コンティンジェンシー研究は、総じて、効果性を発揮するリーダーシップ・スタイルは、リーダーシップ状況によって異なるという仮定に依拠し、リーダーシップ・スタイルとリーダーシップ状況の因果の検証を試みる研究である。たとえば、フォロワーの発達状況等、リーダーシップに関わる状況に目を向けているという点では、特性研究から大きく前進していると言えるが、その実証作業は極めて困難であることが次々と明らかとなっていく。

フィードラー・モデルの出現後、この研究に当時の研究者の注目が集まり、おびただしい数の実証研究が次々と行われた。しかし、リーダーシップ状況を操作化して分析・検証することは極めて困難であることが明らかとなった。なかでも、フィードラー・モデルは、後続の研究者から多数の批判を受けた[30]。その批判は総じて、根本的な理論妥当性を疑問視する批判であった。たとえば、フィードラー・モデルが示す結果は、根拠に乏しく結論に達していない、予測されるあらゆるリーダーシップ状況において、モデルが示す結果は統計的に立証されていないといった批判である。

こういった結果の妥当性の欠如は、先発のフィードラー・モデルのみならず、後続の研究にも同様に指摘された。たとえば、ユクルは、自らの理論およびフィードラーの理論を含めた、6つのコンティンジェンシー理論の批判的検討を行い、明確な状況変数と仲介変数を伴いながら、理論の妥当性を見いだすことのできる理論の存在は認められないと結論し、多様なリーダーシップ状況要素の抽出には意義があるものの、要素同士の相関をテストすることは困難だと批判している[31]。また、尺度が不明瞭で結論に確証が承認できかねる研究方法を採用している、質問紙を用いた研究方法への過度な依存があるといった批判もある[32]。

フィードラーは、数々の批判を受けながらもフィードラー・モデルの提出以後29年にわたって同モデル研究の展開を模索した。また、フィードラー・モデルを支持する状況研究の研究者であるストルーブとガルシアは、フィードラー・モデルが導いたすべての結果の再調査を行い、状況要因とリーダーシップの効果性が何らかの相関を持つことを支持する結果を提出している。[33] しかしながら、このような研究の努力があったにもにもかかわらず、フィードラー(1996) は、リーダーシップ状況要素とリーダーシップの効果性がいかなる因果を持つかはいまだ明確になっていないと述べている。[34] このフィードラーの言説は、「タテの限界」の克服がいかに困難であるかを雄弁に物語っている。

4 ニューリーダーシップ研究 ― 再び特性へ ―

コンティンジェンシー研究への批判が集中し、研究者の注目が収束し始める1970年代後半に、ニューリーダーシップ研究が立ち上がる。

ニューリーダーシップ研究では、リーダーに帰属する影響力としてのリーダー特性に着目する重要性が改めて見直され、フォロワーのモチベーションに積極的に訴えかけるリーダーの役割に研究の焦点が向けられた。リーダー特性にふたたび回帰するニューリーダーシップ研究には、再度、特性研究と同様のタテの壁が指摘されることになる。

ニューリーダーシップ研究を対象に広範に調査を行ったパリーとブライマン[35]によれば、ニュー・リーダーシップ研究では、リーダーは、組織的な成果やそれを支える人々の価値観を象徴するビジョン・目的の明示を通して、組織の現実を明らかにする存在と仮定される。この仮定に従い、影響プロセスよりもマネージャーとしてのリーダーに焦点化し、組織のリーダーがチームメンバーを鼓舞しながら目標を達成していく過程を自身で物語るという傾向が認められると言う。この仮定や傾向に関連し、パリーとブライマンは、次のように「タテの限界」を指摘している。

① 組織幹部のリーダーのふるまいの特性にしか焦点を当てない
② 社会的プロセスから発生する影響を軽視した
③ リーダーシップをとりまく、文脈的要素への分析が不十分
④ 成功するリーダーに傾倒した

同様に、パワールとイーストマンは、「現状の変革的リーダーシップは、文脈的な要素にほとんど注目していない。ある組織のプロセスとして変革的リーダーシップを充分に理解するためには、文脈的な枠組みを用いて研究する必要がある」(p.80) と述べている[36]。また、ハウエルとシャミールは、将来的なリーダーシップ研究は、リーダーの個人的な性質やふるまいに焦点化するリーダー中心の視点から、リーダーシップの発生や効果性に影響を与える状況的な要因に関心をシフトさせていくべきであると指摘している[37]。

このように、１９９０年代に隆盛したニューリーダーシップ研究は、再びタテの壁にぶつかり、研究者の求心力を次第に低下させていく。

第2章 関係アプローチとヨコの壁

1990年代中頃から、**リーダーシップの分析視点を特定のリーダーに限定してきたことへの反省から、その視点を社会的なプロセスを取り込むよう拡張すべきだという議論**が活性化する。「タテの限界」によるタテからヨコへという関心の発生である。

The Leadership Quarterly誌（以下LQ誌）は、LQ誌に投稿された論文の総括的なレポートのなかで、2000年以降10年間で最も顕著に論文の増加が認められる研究分野としてこの議論（太字）を取り上げ、代表的な論文としてオズボーンらの論文[38]と、ポーターらの論文[39]を紹介している。こういった議論に後押しされ、1990年以降、関係アプローチが立ち上がる。

すでに述べたように、関係アプローチは、社会構成主義の立場からリーダーシップを捉える視座を提供する。ゆえに、関係アプローチによるリーダーシップの適切な理解のためには、最低限、前提知識として社会構成主義の見方を知っておく必要があるだろう。

1 社会構成主義とは

繰り返しになるが、社会構成主義とは、日常的実践のなかで作り上げる意味は、個人の頭のなかで作られるものではなく、関係からもたらされると捉える研究上の立場であり、考え方である[40]。

社会構成主義の考え方は難解であり、簡単に要約できるものではないが、次に紹介する社会構成主義の基本的特徴、従来的な研究に向けられたガーゲンの批判的態度を合わせて読むことで社会構成主義が何を大事にしているかを掴むことができると思われる。

社会構成主義の基本的特徴

経営学における質的研究の方法論を一冊にまとめた『組織のメソドロジー』の編著者である高橋ら[41]によれば、社会構成主義の基本的特徴は次の5つであると言う。

① 反本質主義

② 反実在論

③ 知識の歴史的文化的特殊性

④ 言語の重要性

⑤ プロセスの重視

第1に、反本質主義とは、社会構成主義では、世界は関係＝社会的プロセスから説明されるので、その世界のあり方は一定ではなく、不変的な意味としての本質は存在しないと考える見方に立つ。

第2に、反実在論とは、社会構成主義では反本質主義に立つため、社会現象を実在する対象として直接的に知覚できるものとみなさず、客観的事実を否定する立場に立つ。

第3に、知識の歴史的文化的特殊性とは、社会構成主義では知識は個人の頭のなかにあるのではなく、日常的実践を営むコミュニティにおける社会的実践の諸関係から生み出されると考える。したがって、そこで生み出される知識は、必然的にそのコミュニティにおける歴史的な文脈や文化的な特質を表象するとみなす。

第4に、社会構成主義では、人々の知識は言語を媒介として対話を通じて獲得されると前提する。ゆえに、社会構成主義では、日常的実践における人々の対話に注目し、そこで生成される知識に着眼する。

第5に、プロセスの重視とは、社会構成主義では人々の相互作用により関係的に構成される主観的な現実を現実と捉え、行動は現実に制約され、それにより現実の意味が強化され、変容していくと考える。

従来的な研究に向けられたガーゲンの批判的態度

こうした特徴をふまえ、社会構成主義の提唱者であるガーゲンの主張を見ていこう。ガーゲン[42]は、従来的な実証研究に対して、次のように疑問を呈している（邦訳pp.136-140）。

①クールであることへの疑問
②操作化を行うことへの疑問
③観察された結果を数字に変換することへの疑問
④唯一絶対の正しい答えを導き出すことへの疑問
⑤実践から独立した事実があると考えることへの疑問

第1に、ガーゲンは、物事には客観的に観察可能な本質があり、研究者は偏見を排除し中立的な立場からその世界を観察したりデータ化したりすることができるという実証研究の考え方を皮肉的に「クール」と表現し、批判している（反本質主義、反実在主義）。この見方に基づき、社会構成主義では、何らかの目的を持って研究を行う研究者から恣意性を排除することは不可能という立場を採る。そのため、研究者自身が研究対象の関係のなかにありつつ、その恣意性を振り返る必要性があると主張する。これは後に紹介する「解釈的アプローチ」の考え方の根幹となっている。

第2に、ガーゲンは、ほとんどの実証研究であたり前に行われている現象の操作化を疑問視する。ここで言う操作化とは、観察した現象の中から研究者が読み取り特定化する行為である[43]。ガーゲンは、原因および結果という変数が自然に存在しているわけではないと主張する。社会構成主義では、原因ー結果の因果関係は、研究者が外側から客観的に観察できる独立した存在ではなく、観察者である研究者を含み込んだ社会的な関係のなかで構成されるものと考える。

第3に、ガーゲンは、観察した結果を数字で示すべきとする従来的な実証研究の前提を疑問視する。ガーゲンは、『数字が、言葉や音楽や絵画よりも、世界を写しとるのに適しているわけではない。それらはどれも解釈装置なのだ。その上、数字という解釈装置は、しばしば私たちが「価値がある」あるいは「重要である」と考えるものを捨象してしまう』（p.139）と述べる。ガーゲンは、組織における人々の実践という複雑な組織現象を数値化するには限界がある、数値化によって本来的に価値があり重要であることを捨象してしまうと批判している。

第4に、ガーゲンは、従来的な実証研究では「客観的な世界の存在が無条件に前提されているため、どんな問題にも唯一絶対の正しい考えを明らかにすることが目標」（p.139）となってしまうと批判する。反本質主義、反実在論の態度を貫く社会構成主義では、「世界の本質なるものを写しとる、唯一の正しい言葉やグラフ、あるいは画像などは存在しない」（p.139）と考える。人々の現実は多元的であるため、その知識は歴史的文化的特殊性を投影した社会的な知識だと理解されるべきであると主張する。

第5に、ガーゲンは、従来的な実証研究が、普遍的な理論の構築を目的として知見や理論の一般化による研究成果の応用可能性を目指すことを疑問視する。ガーゲンによれば、社会構成主義では、集められたデータは「アプリオリな解釈」（p.140）によって収集されたもので、特定の共同体の内部において解釈されるものだという。したがって、社会構成主義では、特定の共同体は、特定状況における行動の規則性を理解し共有することを目的とすると言う。

以上、社会構成主義の基本的特徴と、ガーゲンによる従来的な実証研究に向けた5つの疑問を紹介した。社会構成主義は、実証主義的な従来的な研究に批判的な立場に立つことが明確となったであろう。

次に、社会構成主義の考え方を反映する関係アプローチについて詳しく見ていこう。

2 関係アプローチの視座とは

ここまでの理解をふまえ、ユール・ビエンの論文[44]を参照し、認識論の観点から関係アプローチの視座に接近を試みたい[45]。

「実在視点」と「関係視点」

ユール・ビエンは、「実在視点」(an entity perspective) と「関係視点」(a relational perspective) な

る用語（認識論）を導入し、関係アプローチを後者に属するリーダーシップ研究と位置付けた。

「実在視点」とはリーダーシップを客観的に観察可能な実在的な対象とみなす実証主義的認識論に依拠するリーダーシップ研究である。研究例として、ＬＭＸ（Leader Member Exchange theory）研究[46]、ニューリーダーシップ研究、社会的ネットワーク理論[47]がある。一方で、「関係視点」は、社会構成主義的認識論に依拠するリーダーシップ研究である。リーダーシップを人々の主観的な意味づけによって相互依存的に構築され関係的に説明されるものとみなす。

「実在視点」では、リーダーシップは個々の人間関係のなかですでに組織化されている様態であり、ある個人の活動の一方向の因果関係に還元され、個人レベルの変数を用いて操作的に行われる。したがって、プロセスの捉え方は、静的・共時的となる。また、外部から知覚できる客観的な実在物としてデータを操作化して収集し、分析する。そのため、リーダーシップは、ある個人の特性や活動に関連づけられ、それが結果に対する一方向の因果関係に還元される。ゆえに、プロセスの把握は限定的となりプロセス全体を分析できないため、リーダーとメンバーの交流が実際どのように行われているかについて限定的（ブラックボックス）になる。

「関係視点」では、リーダーシップを現在進行形で組織化されている社会的なプロセスとみなす特徴がある。したがって、プロセスの捉え方は動的・通時的となる。ゆえに、「関係視点」の立場に立てば「実在視点」はこの社会的プロセスとしてのリーダーシップを看過してしまう見方ということになる。また、「関係視点」では社会的プロセスを捉えるために人々の対話のプロセスに着目する。

ユール・ビエンによる分類を参照すれば、ほとんどのリーダー中心アプローチは「実在視点」に依拠すると判断できる。このことからタテの壁は、実証主義的認識論に依拠した研究方法論を用いることによる限界と指摘できる。この根拠として、マッコールとランバルドの論文[48]を取り上げたい。１９７８年にマッコールとランバルドは、リーダーシップ研究が混乱している真の問題は、実証主義的な方法論の問題（方法論の欠陥）ではなく、**そういった科学的な方法論をリーダーシップ研究に適用させることにある**と喝破している。マッコールとランバルドによれば、リーダーシップ研究の問題点は、次の5点であると言う。第1に、リーダーシップの定義が曖昧であること。第2に、実証に至らない研究が少なくないこと。第3に、提出された結果同士が矛盾していること、第4に、統合されていないモデルが急増していること、第5に、統計学的なエラーが頻発していることである。

彼らの指摘は、フィードラー・モデルを代表とするコンティンジェンシー研究に対する批判とほぼ同時期に行われており、指摘する内容も重なる点が多い。しかし、彼らの批判は看過され、第1章で確認したように、ニューリーダーシップ研究で再びタテの壁に直面する。こうした経過を経て、タテからヨコへという関心が発生し、「関係視点」に依拠した視座としての関係アプローチが提案される。

では、「関係視点」に依拠する関係アプローチの代表的研究を見ていこう。関係アプローチでは、社会構成主義の見方に立ち、関係からリーダーシップを読み解く視座を提供する。ここでは、次の研究を取り上げる。

① ホスキングおよびダーラーの研究[49]
② ドラス[50]およびハーステッドとガーゲンの研究[51]

これらの研究は、前節で確認した社会構成主義の基本的特徴を備え、リーダーシップの捉え方として実証主義的な従来的研究へは批判的態度を展開している。

ホスキングおよびダーラーの研究

関係アプローチの代表的な研究者であるホスキングおよびダーラーは、社会構成主義の考え方をリーダーシップ研究の文脈に合わせて展開している。ホスキングおよびダーラーは、リーダーシップ研究で自明視されている特定個人のリーダーに着目する観点から、社会的現実としてのリーダーシップへと観点を転換すべきだと主張した。「実在視点」から「関係視点」への転換の要請である。

反本質論・反実在論の立場に立つ関係アプローチでは、リーダーシップ現象マネジメントという役割とは切り離され、また上司 - 部下の2者関係＝「タテの関係」に限定されない関係性の総体として理解される。還元主義的認識論では、リーダーシップは個人の頭の中や二者間の関係として「すでに組織化された」(being organized) 状態として把握される。そのため、リーダーシップの捉え方は、静的・共時的となる。対して、社会構成主義的認識論に依拠する関係アプローチでは、リーダーシップ現象は生成的で文脈に埋め込まれている社会的現実とみなされる。そのため、その場特有の歴史的文化的な特殊性をもった社会的現実が組織化していくプロセスの中でリーダーシップが把握され、その捉え方は動的・通時的となる。

ホスキングによれば、社会的現実が組織化されていくプロセスで、社会的な秩序 (the social order) と呼ばれる集団の価値や関心が生起する。ホスキングは、リーダーシップの分析はリーダーが何をやっているかを理解するだけでは不十分で、十全なる分析を行うためには、その場の相互作用と人間関係を進展させる組織化のプロセスに焦点化すべきと述べる。

ドラスおよびハーステッドとガーゲンの研究

ドラスは、ホスキングおよびダーラーの議論を継承して、対話の関係性が作り出すコミュニティのメンバーシップとしてのリーダーシップの考え方を提案している。ドラスによれば、リーダーシップはリーダー中心アプローチのように個人が所有するものではなく、またLMX理論のように1対1の影響力でもなく、組織の成員の相互作用により知識を作り出す関係的な対話のプロセス（a process of relational dialogue）そのものであるという。

ドラスの考える関係アプローチでは、リーダーシップはリーダーの所有物ではなくコミュニティの活動であること、社会構成主義の基本的特徴である対話のプロセスからリーダーシップが発生するという見方が重要視されている。

また、ガーゲンは、リーダーシップと開発の専門家であるハームステッドと共に社会構成主義の理論に依拠した実践書を上梓し、関係的主導（reational leadning）なる概念を提案している。ガーゲンらによれば、「リーダーシップという用語はある個人としてのリーダーという見方と密接に結びついているが、関係的主導は、未来に向けた人々の積極的な取り組みと有効性をつくる関係性としての人々の能力を指す。関係的主導とは、個人の特性ではなく、活動である。それは、意味が生成し、維持され、変化していく関係的な過程である」（邦訳p.41）と説明している。

彼らは、関係的主導においては、対話的な関係性の構築が鍵になると述べる。**社会構成主義では、対話とは人々があたり前としている物事の捉え方に批判の目を向けて新しい意味と価値観をつくること、そして互いに連携して自分たちの未来をつくり合う関係性を築くこと**である。したがって、関係的主導は、対話を通じて、そのコミュニティのなかで「何が本物で、何が道理にかなっていて、何が良いのか」（邦訳，p.25）について、共通の理解を作り出していく創造的なプロセスとみなされる。

3 タテの壁とヨコの壁によるいきづまり

ここまでの関係アプローチの理解から、「実在視点」に依拠するリーダー中心アプローチと「関係視点」に依拠する関係アプローチの違いがより鮮明になってきたと思われる。では、関係アプローチにはいかなる欠点が指摘されているのだろうか。

ユール・ビエンは、関係アプローチについて、実証的な研究展開の不足や研究方法論についての検討の不備を指摘している。

> ダイナミックなアプローチを採る関係的な観点は(還元的手法よりも)一般化がさらに困難である。ゆえに、還元主義的な立場をとる研究者には歓迎されない新たな妥当性、確実性、信頼性が要請される。さらに言えば、関係的観点は、リーダーシップの統合的な理論として検討するのは難しい。そう考えるひとつの理由として、本質的に複雑で相互依存と相互主観性といった心理学的仮定があるからだ(Bradbury & Lichtenstein, 2000, p.561)。

もっとも、関係アプローチは、社会構成主義の立場からリーダーシップを捉える視座であるため、リーダーシップを関係から捉えるフレーム・ワークとしての見方の提案が中心である。ゆえに、リーダーという個人に着目する伝統的な見方を疑問視し、「実在視点」から「関係視点」へ視点を転換することに力点が置かれている。その反面、「関係視点」の見方が過度に強調されてしまい、先行研究において自明である「リーダーシップはリーダーが影響力を行使する」というタテの関係の側面が相対的に軽視されている。[52] 結果、ユール・ビエンが指摘するように、「何をもって関係的なプロセスから本当のリーダーシップを識別できるのか（わからない）」(p.667) というリーダーシップ研究として本末転倒の事態を招いてしまう。

このように、現状の関係アプローチでは、リーダーシップを十全に捉えるため、タテの関係からヨコの関係へと観点の拡張を試みた結果、リーダー中心アプローチに批判的な立場を取ることが過度に強調され、長年の研究蓄積で自明であるはずの、リーダーシップに影響を及ぼすリーダーへの注目がおざなりになっている。これが、リーダーシップ概念はヨコの関係だけで説明しきれないというヨコの壁である。

以上のことから、リーダーシップ研究フィールドは、タテの壁とヨコの壁という二項対立によるいきづまり状態にある。

この問題は、「実在視点」では関係的な側面をうまく捉えられない、他方、「関係視点」では、リーダー固有のふるまいの側面をうまく捉えらないという認識論上の問題である。したがって、関係アプローチでは、この認識論上の問題を解決する研究方法すなわち「関係視点」に依拠してリーダーシップを捉えつつ、リーダー固有のふるまいの側面も適切に把握する研究方法の探索が必要である。

第3章 シェアド・リーダーシップとは

シェアド・リーダーシップは、タテであり、ヨコでもあるという、前章で述べたリーダーシップ研究のいきづまりを乗り越えるポテンシャルを備える研究である。

シェアド・リーダーシップというアイデアを初めて提案したピアース[53]は、ワッセナールとの共著論文にて、シェアド・リーダーシップについて、「階層的な役割としてのリーダーシップから、ダイナミックな社会的プロセスとしてのリーダーシップへと観点の転換を要請する理論」(p.168)と解説する。しかしながら、彼は、その転換は既存理論の無効を意図するものではないと述べている。

では、シェアド・リーダーシップにはどのような特徴が認められるのであろうか。まず、19の代表的なシェアド・リーダーシップ研究をレビューしたズーら[54]の論文を下敷きにして、その特徴を整理しよう。

シェアド・リーダーシップの特徴

シェアド・リーダーシップの基本的特徴は次のように整理できる。

第1に、リーダーがフォロワーに及ぼすタテの関係だけでなくチームで作り合うヨコの関係にも研究

図表 3-1　シェアド・リーダーシップの基本的特徴

	特　徴	内　容
1	影響の源	タテの関係とヨコの関係を考慮する
2	認識論的立場	チーム・レベルの「関係視点」
3	リーダーの役割の担い手	リーダーの役割はチーム・メンバー間で広く共有される

出所：ズーら（2018）をもとに筆者作成。

の焦点を合わせること。第2に、シェアド・リーダーシップは、チーム・レベル（集合的レベル）の現象とみなされるため、認識論的な立場は「関係視点」であること。第3に、シェアド・リーダーシップでは、リーダーの役割はチーム・メンバー間で共有されるとみなす。この3点を図表3-1に示す。

第1について、シェアド・リーダーシップが想定するチーム・レベルのリーダーシップには2つの影響の源がある。1つ目は、公式なリーダーとフォロワーのタテの関係に関わる源である。2つ目は、チーム・メンバー間の交流によるヨコの関係に関わる源である。

第4章で詳しく述べるが、現在行われているシェアド・リーダーシップの先行研究では、シェアド・リーダーシップに正の影響を及ぼす要素（これを先行因子と呼ぶ）を調査する研究が活発に行われている。このことは、シェアド・リーダーシップは、タテとヨコの両側面から捉えるべき現象であることの傍証と言えよう。

シェアド・リーダーシップ研究者であるヒラーら[55]は、シェアド・リーダーシップの影響の源は、公式なリーダーが役割を行使する行為だけに限定されず、公式なリーダーを含めたチーム・メンバーがチームをリードしていく社会的プロセスとしてのメンバー間の影響であると述べる。シェアド・リーダーシップは、ヨコの関係を重要視しつつも、タテの関係を無視することはできないと前提するため、2つの影響の源は、互いに影響しあいながらチーム・レベルのリーダーシップを生成すると仮定する。この特徴は、次の第2、第3の特徴に影響を与える。

第2について、ある特定の個人が発揮するタテの関係に焦点化する伝統的なリーダーシップの捉え方とは異なり、シェアド・リーダーシップでは、チーム・レベル（集合的レベル）の現象としてリーダーシップを捉える。[56] リーダーシップをリーダーという個人に帰属する特性とみなさず、チーム・レベルの社会的プロセスに着目するため、認識論的な立場は「関係視点」に位置付けられる。すなわち、関係アプローチに属するが、タテの関係も捉えようとする点で関係アプローチの拡張版と位置付けられる。[57]

ここまでの2特徴は、全てのチーム・メンバー（all team members）がシェアド・リーダーシップに影響を与えるという見方が強調されていた。第3の特徴はさらに、リーダーの役割がチーム・メンバー間で（among team members）広く共有されているという見方が強調されている。

ズーらによれば、リーダーの役割の担い手を特定の人物に中心化させる従来的なリーダーシップの見方と比較して、シェアド・リーダーシップでは**リーダーの役割の担い手はチームメンバー全員となる。すなわち、リーダーの役割がチーム全体に広く共有されている**という見方が重要である。ゆえに、シェアド・リーダーシップは、ある特定の個人の貢献のみによって生み出されるものではなく、リーダーの貢献およびチーム・メンバー全員の貢献の複雑な絡まり合いのなかから生み出される。

図表 3-2 シェアド・リーダーシップの関係性

オーケストラの指揮者のリードと奏者の協奏によって生み出されるハーモニーとは、奏者が奏でる個別の演奏が、一つの音楽として成り立ち、完全に調和している状態のことを言う。ここで言う調和は、個性を消し合うこと、全体に溶けてしまうことではない。それぞれの個性を活かしつつ、全体を作り出す主体的な存在として各々が持っている力を発揮し合う個人と全体の関係である。

この関係は、軍隊の統率関係とは全く異質である。軍隊では指揮官が兵士を従わせることによって全体を統率する。軍隊では兵士が個性を抑制して指示や命令に従うことを善とする。一見、軍隊の統率は調和と同じように見えるが、これは調和ではなく支配である。

奏者が一人一人異なる個性を生かすこと、自律的に力を発揮することは、指揮者の存在を軽視することにはならない。指揮者は、オーケストラ全体の調和をもたらすためにアクセントを与え、リズムをとる重要な役割を担っているからだ。

リーダーは、フォロワーの主体性や自律性を損なわない形でチーム・メンバーをリードする。フォロワーは、リーダーが示すアクセントやリズムを感じ取りながら、自律的に考え行動する。リーダーとフォロワーの日常的なコミュニケーションを通じて、チーム・メンバー全員が当意即妙に考え動いている人々の関係性が、図表3-2に示されるようなシェアド・リーダーシップが発生した状態である。図表3-2は、シェアド・リーダーシップが発生した状態における、個人間の関係性を示している。個人が思い思いにそれぞれの個性を発揮しているが、お互いにつながりを保ち、全体として調和しながら影響の輪をまわしあっている。

いま述べた3つの特徴をふまえて、あらためて本書のシェアド・リーダーシップの定義を確認しておこう。

公式なリーダーの振る舞いの変化がフォロワーやチームに変化を与え、チーム・レベルの変化が公式なリーダーやフォロワーの振る舞いに変化を与えることで、チームメンバー各々が、自律的に考えて行動しているが、チーム全体としては調和している状態。

シェアド・リーダーシップの効果

石川（2016）は、先行研究の実証結果から、シェアド・リーダーシップは、次の効果性が認められると述べている。

①仕事に対する満足度や組織への忠誠心の向上
②メンバーのモチベーション向上
③情報共有の活発化
④組織の成果への貢献

第1に、シェアド・リーダーシップが認められるチーム状態になると、仕事に関する満足度が高まり、とりわけ仕事そのものや職場の人間関係に関する満足度にポジティブな影響を与えると石川は言う。仕事に主体的に参画するようになり、自分がやるべきことを自ら考えて動くようになるだけでなく、組織やチームに対する愛着や忠誠心、一緒に働く仲間としての一体感も醸成される。

第2に、シェアド・リーダーシップが認められるチーム状態では、メンバーが自己効力感を高め、モチベーションを向上させると言う。一人一人のメンバーがチームに必要なことを自由に発言したり、自律的に動くことが許容される状態になる。上司の指示や命令に従って動くのではなく、自分で考え決定しているという感覚が高くなる。

第3に、シェアド・リーダーシップが認められるチーム状態では、総じてチーム・メンバー間のコミュニケーションが活発化すると言う。チーム・メンバーがチームの目標を達成するために求められる自分の能力を十分に発揮し、必要な情報をチームに発信するようになる。その結果、チーム内で必要となる形式的な情報だけでなく、チームのムードや共通の価値観のような暗黙知を共有できるようになる。

第4に、多くの先行研究で、個々のメンバーにリーダーシップが認められるチーム状態では、組織の成果が高まることが実証されている。たとえば、チーム・メンバー全員が、チームの目標を達成することに対して自信を持ち、期待感を高めるようになると言う。シェアド・リーダーシップが認められるチーム状態に至ることで個人レベルとチームレベルでポジティブな影響を及ぼし、職場の成果を高めることが実証されている。

以上を見れば、チームがシェアド・リーダーシップとして定義された状態を目指すことは、組織やチーム、リーダー、チーム・メンバー（フォロワー）の3者にとって望ましい効果が期待できることがわかる。

シェアド・リーダーシップの未解明点

次章で詳しく述べるが、シェアド・リーダーシップの先行研究を調査すると、現状の先行研究は、定量的な手法を用いて特定の因果の静的な説明として社会的プロセスの様態の解明を試みる研究が蓄積されている。たとえば、シェアド・リーダーシップの状態に先行して影響を及ぼす要素（先行因子）は何か。シェアド・リーダーシップの状態が影響を与える要素（結果因子）は何かの実証研究が行われている。

また、公式なリーダーの影響を考慮するため、ニューリーダーシップ研究、オーセンティック・リーダーシップ（authentic leadership）研究といった、公式的なリーダーの影響プロセスに着目する既存研究と組み合わせる形でも活発に研究が行われている。[58]

これら実証結果は、シェアド・リーダーシップのリーダーシップ論における位置付けを明確にしたり、その効果性を理解したりすることに貢献すると考えられる。しかしながら、**現状のシェアド・リーダーシップ研究では、チームの活動を通じていかにシェアド・リーダーシップが発生するのかについて、先行研究では十分に言及されているとは言えない。**

シェアド・リーダーシップがチーム、リーダー、フォロワーにとって望ましい状態であることは理解できるが、**シェアド・リーダーシップが作られていくプロセスが、まったくと言ってよいほど、まだわかっていない**のである。これでは、その状態を意図的に作る＝シェアド・リーダーシップ開発に展開していくことができない。

シェアド・リーダーシップの発生プロセスを明らかにしていく試みにより、前章で指摘したタテの壁とヨコの壁という二項対立によるいきづまり状態から抜け出すことが期待できる。また、**リーダーシップとは何か**についてより深い知見が期待できる。実務の現場でも、シェアド・リーダーシップの開発手法が見出されることで、自律的な人やチームが育ち、そういった**変化を導くリーダーをつくる**方法を見出していくことが期待できる。

第2部 理論と方法

Part 2 Theory and Method

膨大な先行文献との格闘により、私は、まず従来のリーダーシップ研究が直面しているタテの壁とヨコの壁によるいきづまりに直面していることを把握した。さらに、シェアド・リーダーシップは、それを乗り越えるポテンシャルを備えていることを知った。

第4章 シェアド・リーダーシップの先行研究

本章では、シェアド・リーダーシップに関し具体的にどんな実証研究が行われているのかを紹介する。

シェアド・リーダーシップの代表的な実証研究の網羅的なレビューを行っているズーらおよびワッセンナーとピアース[59]を参照し、次の流れで先行研究を見ていきたい。

① シェアド・リーダーシップの先行因子
② シェアド・リーダーシップの結果因子

先行因子

シェアド・リーダーシップに正の影響を及ぼす先行因子は、(1) 公式なリーダーに関わる先行因子、(2) チームの特徴に関わる先行因子の2つの先行因子が明らかとなっている。前者はタテの関係、後者はヨコの関係に関わる。

公式なリーダーに関わる先行因子：タテの関係

最初に、公式なリーダーに関わる先行因子として、たとえば、ダークスとフェリン[60]は、公式なリーダーへの信用がシェアド・リーダーシップの効果性に直結する円滑なコミュニケーションの促進に正の影響を及ぼすことを明らかにした。また、シャミールとラピッド[61]は、イスラエル軍を対象にした調査を行い、リーダーとフォロワーが目標の調整を行うことは、明らかにシェアド・リーダーシップの発生に正の影響を及ぼすと結論し、チーム・メンバーの公式なリーダーに向けられる信頼感や満足感は、シェアド・リーダーシップのあり方に直結すると示唆している。

加えて、公式なリーダーがフォロワーに向けた行為として、意思決定を任せること[62]、謙虚さを示すこと[63]、権限を委譲すること[64]、サポートをすること[65]がシェアド・リーダーシップに正の影響を及ぼすことが明らかになっている。

我が国でも、石川（2013）[66]が、研究開発チームにおけるシェアド・リーダーシップを調査し、チーム・リーダーとシェアド・リーダーシップ、チーム業績の関係を実証した。その結果、チーム・リーダーの変革型およびゲートキーパー型リーダーシップのどちらもシェアド・リーダーシップに正の影響を及ぼすことを明らかにした[67]。石川によれば、ゲートキーパー型リーダーシップとは、リーダーがゲートキーパーの役割を演じることでフォロワーに影響を及ぼすリーダーシップ・スタイルを指す。「ゲートキーパーとは、組織の内部および外部、どちらのコミュニケーションも積極的に行うことができ、かつ、チーム内外でコミュニケーションのハブの役割を果たす人たちのこと」(p.70)である。また、シェアド・リーダーシップは、チーム業績に正の影響を及ぼすものの、その影響力はチームが取り組んでいるタスク不確実性が高い方が高まることを明らかにした。

なお、不確実な環境の中で組織を導くことに注目し、フォロワーの価値観や態度に変化を与える変革型リーダーシップがシェアド・リーダーシップに正の影響を及ぼすことは、マサール[68]も実証研究をおこなっている。

一方、定量研究だけでなく質的研究でも調査が行われている。たとえば、フーカーとチクセントミハイ[69]は、シェアド・リーダーシップの発生に正の影響を及ぼす公式のリーダーの振る舞いの特徴として次の6点を示唆している。

① 卓越性を評価すること
② 明確なゴールを示すこと
③ タイムリーなフィードバックを与えること
④ 挑戦とスキルを合致させること
⑤ 気晴らしを促進すること
⑥ 自由度を与えること

図表 3-3　公式なリーダーに関わる先行因子

- リーダーへの信頼感や満足感（Dirks & Ferrin, 2002 ; Shamir & Lapidot, 2003）
- 目標の調整を行うこと（Shamir & Lapidot, 2003）
- チーム・リーダーの変革型およびゲートキーパー型リーダーシップ（石川, 2013）
- 意思決定を任せること（Elloy, 2008）
- 謙虚さを示すこと（Chiu, 2014）
- 権限を委譲すること（Fausing et al., 2015）
- サポートをすること（Hess, 2015）
- 卓越性を評価、明確なゴールを示す、タイムリーなフィードバック、挑戦とスキルを合致させる、気晴らしの促進、自由度を与える（Hooker & Csikszentmihalyi, 2003）
- 目的や価値に焦点化すること（Pearce et al., 2014）

また、ワッセンナーとピアースは、エスノグラフィックな方法を用いて、公式なリーダーが目的や価値に焦点化することは、各々シェアド・リーダーシップに正の影響を及ぼすことを明らかにした。ここまでの内容を図表3-3に示す。

チームの特徴に関わる先行因子：ヨコの関係

次に、チームの特徴に関わる先行因子として、たとえば、カールソンらは、分散した目的、社会的なサポート、そして声（voice）で構成される集合的なチーム環境がシェアド・リーダーシップに正の影響を及ぼすことを明らかにしている。また、ブライら[70]は、チームのなかで主体性を発揮することで、それがチームへの信頼、効力感、コミットメントにつながり、結果的にシェアド・リーダーシップに正の影響を及ぼすことを明らかにしている。

加えて、高い自己評価[71]、誠実さ（Blighら）、暖かさ[72]、チーム内の信頼関係[73]がシェアド・リーダーシップに正の影響を及ぼすことが実証されている。ここまでの内容を図表3-4に示す。

図表3-4 チームの特徴に関わる先行因子

- 分散した目的、社会的なサポート、声（voice）で構成される集合的なチーム環境（Carson et al., 2007）
- チームのなかで主体性を発揮する（Bligh et al., 2006）
- 高い自己評価（Kukenberger et al., 2011）
- 誠実さ（integrity）（Bligh et al., 2006）
- 暖かさ（DeRue et al., 2015）
- チーム内の信頼関係（Hiller et al., 2006）

結果因子

次に、シェアド・リーダーシップに正の影響を及ぼす結果因子は、(1) 個人レベル、(2) チーム・レベル、(3) 組織レベルが明らかとなっている。

個人レベルの結果因子

シェアド・リーダーシップに正の影響を及ぼす個人レベルの結果因子として、個人的な満足感、リーダーへの信用、フォロワーの自己肯定感、フォロワーのスキル開発、模倣効果、創造性、自律性の感覚が明らかとなっている。個人的な満足感は、個人レベルの結果因子として最も調査されている結果因子である。たとえば、アボリオら[74]は、大学生のプロジェクトチームを対象とした調査から、チーム・メンバーの満足感がシェアド・リーダーシップに正の影響を及ぼすことを明らかにした。また、シャミールとラピッドは、イスラエル軍の将校訓練を対象とした調査から、個人的な満足感と上官であるリーダーへの信用がシェアド・リーダーシップに正の影響を及ぼすことを明らかにした。

また、バンデューラ[75]やジョージら[76]による看護師を対象とした調査では、フォロワーの自己肯定感がシェアド・リーダーシップに正の影響を及ぼすことが明らかとなっている。また、クレインら[77]による病院を対象とした調査では、見習い医師であるフォロワーのスキル開発がシェアド・リーダーシップに正の影響を及ぼすことが明らかとなっている。また、フーカーとチクセントミハイの調査では、模倣効果(mimetic effect)がシェアド・リーダーシップに正の影響を及ぼすことが明らかとなっている。模倣効果とは、変革リーダーシップ理論で示唆されているリーダーのふるまいをフォロワーが模倣する現象と類似している。以上に加えて、創造性や自律性[78]がシェアド・リーダーシップに正の影響を及ぼすことが実証されている。

チーム・レベルの結果因子

ワンら[79]は、チーム・レベルの結果因子のメタ分析を行い、42の研究を調査した。研究の構成は、42研究のうち23研究が論文として公刊されていて、19研究が未公刊であった。また、11研究が学生で構成されたチームを対象とし、31研究が組織のチームであった。ほとんどの研究が北アメリカで行われた。ワンらは、シェアド・リーダーシップが、チーム・レベルの結果因子に対し中適度の予測因子となることを明らかにした。相関補正は.34であった。この結果をふまえて、彼らは、シェアド・リーダーシップは複雑な環境の良好な予測因子となるため、シェアド・リーダーシップが創発する文脈を調査することは重要であると示唆している。加えて、以上の分析結果は、変革リーダーシップやエンパワーリーダーシップと関連すると指摘している。彼らの調査において最も重要な発見は、シェアド・リーダーシップは、公式なリーダーの影響と比較して結果因子に関わる変数をより多く予測することである。

メタ分析によるほかの研究事例として、たとえば、ディノセンゾら[80]は、シェアド・リーダーシップがチームでネットワーク化する程度（広く分散する程度）は結果因子に関わる変数を数多く予測することを明らかにした。また、ニコライデス[81]は、チームの自信がシェアド・リーダーシップとチームの成果を媒介することを発見した。また、デルーら[82]は、シェアド・リーダーシップが構成されているチームでは、メンバーが自分のリーダーの役割の遂行と同時に他者のリーダーの役割の承認を行なうという興味深い結果を提出している。

そのほか、近年の調査では、以下に示す結果因子は、シェアド・リーダーシップに正の影響を及ぼすことが実証されている。チーム凝集[83]、チームの成果[84]、チームの統合[85]である。

組織レベルの結果因子

エンスレーら[86]は、2社のベンチャー企業を対象とした調査を行った結果、シェアド・リーダーシップは、CEOのリーダー行動を制御変数として会社組織の財務実績の予測因子となることを発見した。その他の調査でも、シェアド・リーダーシップは、組織の業績に対し正の影響を及ぼすことが明らかにされている。[87] シェアド・リーダーシップに正の影響を及ぼす結果因子を図表3-5に示す。

リサーチ・クエスチョン

ズーらは、先行研究を網羅的にレビューした上で、次の問題点を指摘している。

① 多様な定義と尺度が実証研究に用いられかつ合意されていない

② 現在実証されているシェアド・リーダーシップの先行要因、結果の状態、境界条件が断片化している

彼らは、シェアド・リーダーシップについての統一的な尺度がないまま研究者がそれぞれに概念化作業を行なっていると指摘する。また、現在のメタ分析のアプローチは、複数のサンプルで調査された測定尺度を用いているため限定的かつ静的な結果しか導かれない。そのため、シェアド・リーダーシップの関わる一つの結果、一つの仲介メカニズムしか考慮されていないと指摘している。

この上で、ズーらは、ほとんどの実証研究は多様な先行因子と結果因子を散発的に実証している、したがって、今後のシェアド・リーダーシップ研究は、いかにシェアド・リーダーシップが発生するか、ど

図表3-5 シェアド・リーダーシップに正の影響を及ぼす結果因子

個人レベルの結果因子
• 個人的な満足感（Avolio et al.（1996）
• リーダーへの信用（Shamir & Lapidot., 2003）
• フォロワーの自己肯定感（Bandura, 1986 ; George et al., 2002）
• フォロワーのスキル開発（Klein et al., 2006）
• 模倣効果（Hooker & Csikszentmihalyi, 2003）
• 自律性（Grille & Kafffeld, 2015）
チーム・レベルの結果因子
• ネットワーク化する程度（広く分散する程度）（D'Innocenzo, 2014）
• チームの自信（Nicolaides et al., 2014）
• チーム凝集（Mathieu et al., 2015）
• チームの成果（Grille & Kauffeld, 2015）
• チームの統合（Sousa & Van Dierendonck, 2015）
組織レベルの予測因子
• 財務実績など組織の業績（Ensley et al., 2016 ; Hmieleski et al., 2012 ; Pearce et al., 2014 ; Zhu, 2018）

のようにシェアド・リーダーシップがチームのプロセスに影響を与えるかを調査する研究が必要と示唆している。

本章で紹介した先行研究を見れば、シェアド・リーダーシップについて、定量的な手法を用いて特定の因果の静的な説明として、社会的プロセスの様態の解明を試みる研究を蓄積していることが分かる。しかしながら、ズーらも指摘するように、チームの活動を通じていかにリーダーの役割がチーム・メンバーに共有され、シェアド・リーダーシップが発生するのかが未解明である。

つまり、シェアド・リーダーシップに関する先行研究では「実在視点」に基づき個人の活動の一方向の因果関係を通じてシェアド・リーダーシップが組織やチームに与える効果に関する実証結果を蓄積してきたが、「関係視点」によるシェアド・リーダーシップが発生するプロセスについては、ほとんど研究されていない。

そこで、本書では、シェアド・リーダーシップが発生するプロセスの解明をリサーチ・クエスチョンに設定し、「関係視点」に依拠する関係リーダーシップの視座を用いて、シェアド・リーダーシップ理論の捉え直しを試みる。Z支社を調査対象としてフィールドワークを行い、得たデータを基にエスノグラフィーを行う。後に詳しく述べる「多声的な組織とモノローグ組織」という理論的枠組みを援用し、図表3-1に示したシェアド・リーダーシップの基本的特徴を示すシェアド・リーダーシップが生じるプロセスの解明を試みる。この試みにより、タテの壁とヨコの壁という二項対立によるいきづまり状態から抜け出すことが期待できる。

第5章 解釈的アプローチ

本章では、社会構成主義の認識論に忠実な研究アプローチである解釈的アプローチ（interpretive approach）を紹介する。

解釈的アプローチとはどんな研究方法か。箕浦は、解釈的アプローチを、実証主義的認識論に依拠したアプローチ（以下実証主義的アプローチ）と相対する立場に立つ社会構成主義（第2章で紹介）に依拠する研究アプローチと紹介している。[88] 解釈的アプローチの特徴を「理論はどの程度世界をありのままに記述しているかという観点からではなく、世界の何らかの側面をどの程度うまく捉えているかという観点から評価される」(p.4) 研究法と解説している。

実証主義的アプローチが普遍的な法則の定立を目的として社会現象を操作化していく研究プロセスとなるのに対して、解釈的アプローチはその場における人々の相互作用やそこから生じる意味を理解することで普遍性を見出していく研究プロセスとなる特徴を有する。この特徴により、解釈的アプローチでは、そこで生活している人の意味世界を「分かる」ことが中心課題となると言う。

また、分析上、研究者の恣意性を排除しないことも解釈的アプローチの特筆すべき特徴である。箕浦によれば、解釈的アプローチを採る研究者は、「対象社会に溶け込みフィールドの人々と共に居ることを心がけ、そこでの体験を通じて培われた相手社会への共感をベースにして、そこの人たちが住んでいる意味世界を包括的に理解しようとする。その過程で、観察下の特定の状況に限定的に働いている何らかの秩序を見つけ、類似した研究との比較検討を経て、特定フィールドの文脈を超えた、ある拡がりをもった状況下で適用可能な理論知の創造を目指す」(p.6) と述べる。したがって、調査対象者の活動する場に参与するフィールドワークにより得られる各種データは、「フィールドワーカーとフィールドの人々とのコラボレーションの産物」(p.7) とみなされ、解釈を行う解釈者は主観的であることを厭わないと解説する。研究者がフィールドに入りこみ、同じ体験を共有し、そのフィールドに存在する当たり前を、主観と客観を往復させながらまとめあげていく方法がエスノグラフィーである。図表4-1に、いま述べた実証主義的アプローチと解釈的アプローチの比較を示す。

「事例研究」との相違点

では、解釈的アプローチは、一般的に知られる「事例研究」とどう異なるのか。伊藤（2009）は、アメリカの企業においてフィールドワークを実施し、解釈的アプローチによる博士論文を神戸大学で上梓している。彼は、箕浦と同様に解釈的アプローチの解釈で最も重要視されるのは人々の意味世界と述べる。伊藤は、フィールドの意味世界では客観的理解というものは存在せず、また意味世界そのものには主観性も客観性もないと述べる。以下伊藤（2009）の主張を引用する。

図表 4-1 実証主義的アプローチと解釈的アプローチの比較

	実証主義的アプローチ	解釈的アプローチ
研究の目的	・普遍的な法則の定立 ・知見の一般化や理論化	・特定状況における行動の規則性を理解し共有する
研究の焦点	・観察可能な行動に着目 ・客観的に「測る」(操作化する) ことに力点	・行動や状況に埋め込まれた意味に着目 ・内部者の理解が「分かる」(解釈する) ことに力点
研究のプロセス	・条件統制してノイズを除去 ・因果関係、変数操作	・人と人の相互作用やそこで伝達される意味を解釈する
研究者のスタンス	・客観的であること。研究対象者との間に距離をとる。	・調査参加者の居る場所に参与 ・主観的であることを厭わない
主なデータ収集法	・数値的データを得るための実験や調査。	・質的データを得るためのフィールドワーク

出所：箕浦 (2009) をもとに筆者作成。

解釈的アプローチも事物やデータの存在を当然視する。しかし、それらに付与される意味については、客観的に正しい解釈が存在しないと考えるのである。客観性が存在しなければ、それと対置される主観性も存在しない。このようにして、解釈的アプローチは、主観と客観の二元論を退けるのである。(p.9)

伊藤は、「事例」として描かれる解釈的アプローチによる研究は、経営学の論文で多く扱われる「事例研究」(以下「事例研究」) とは異なると指摘する。伊藤によれば、「事例研究」において、『「事例」は、理論を検証するためか、理論構築に向けて仮説を発見するためのデータとして扱われる』(p.8)。「事例研究」では、もっぱら理論やモデル構築が研究の目的となる。ゆえに、「事例研究」では「事例」は実証を目的とする証拠としてのデータとみなされる。だからこそ「事例研究」では、サンプル数が多いほど良いとみなされ、「事例」は客観的であるべきで、研究者の主観が入り込むことやバイアスがないということが前提とされる。伊藤

(2009)は、『少数の事例しか用いない通常の「事例研究」は、サンプル数の少なさやバイアスの可能性に「言い訳」を余儀なくされるものである。しかし、解釈的アプローチは、少数の事例に依拠することを問題としない。なぜならば、解釈的アプローチは、普遍性や一般性がローカルな具体性のなかにしか存在しないことを強く主張するためである』(p.11)と述べる。

一方、解釈的アプローチによる研究では、「事例研究」とはまったく異なる意味で「事例」が扱われている。伊藤の主張する解釈的アプローチにおける「事例」とは、『「解釈」としての「事例」』(p.9)すなわち「現場における解釈が深められていく過程の記述である」(清宮, 2019, p.102)。箕浦の表現を借りれば、そこで生活している人の意味世界で「分かること」を記述するための「事例」である。

このように、解釈的アプローチによる研究の第一義的な目標はこの『「解釈」としての「事例」』を記述することであるため、『解釈的アプローチで記述される「事例」は、「事例研究」におけるような「データ」としての意味を持たない』(伊藤, 2009, p.9)。清宮(2019)によれば、解釈的アプローチにおいて、「事例」は「社会構成主義的に言えば、内部者的理解から生まれたことによる社会的現実の再構成を述したものである。事例は決して、証拠ではない」(p.102)と言う。

加えて、伊藤(2009)は『解釈的アプローチの「解釈」は「解釈者による解釈」』(p.10)であり、解釈者が「解釈」により深く関与すること自体に価値を見出そうとするとその特徴を解説している。彼は、「解釈者が研究の枠組みに明示的に出現することは、「事例研究」の発想からは問題視されうる。解釈的アプローチが主観的であるとの批判的を惹起するのは、そのためである」(p.10）と述べる。さらに伊藤の解説を引用する。

解釈的アプローチでは、解釈は、他者を理解することによって、自己と他者との違いや共通点の認識を新たにし、自己理解を変容することであると考える。このような発想を解釈学では「地平の融合(Horizontverschmelzung=fusion of horizons)」(Gadamer, 1989）と呼ぶ。・・解釈的アプローチで、解釈のコンテクストを解釈者が自省することが最後の課題となるのは、それゆえである。(p.10)

事例解釈の妥当性

では、研究者の主観性を前提とする解釈的アプローチで解釈の妥当性をいかに担保するのか。伊藤は、ディエシン（Diesing, 1971）を引き、「(解釈的アプローチによる研究の）解釈の妥当性は、解釈の首尾一貫性とフィールドで観察・記録された錯綜するデータをうまく説明できるか否かによって判断される」と述べる。この指摘は、友枝（2000）の論じる「論理的整合性」と「経験的妥当性」に相当する。友枝（2000）は、社会学の理論を判断する基準としてこの2点を挙げている。

「論理的整合性」とは理論が矛盾なく展開されていること、「経験的妥当性」とは理論が事象を的確に再現しておりリアリティが豊かであることである。「論理的整合性」については、研究目的、解釈の問い

(RQ)、『「解釈」としての「事例」』の記述、自省的考察がそれぞれ一貫し適切に連動しているかで評価される。他方、「経験的妥当性」については、分厚い記述(Thick Description)(Geertz, 1973)を行うことで、転移性を高めるだけでなく、研究の透明性を向上させることが可能となる。[89]

エスノグラフィー

社会構成主義に依拠する解釈的アプローチでは、人々の日常的実践は、フィールドにおける歴史的文化的特殊性に依存すると考える。フィールドワーカーが、フィールドで生活する人々の社会的現実の解釈を示したものがエスノグラフィーである。箕浦(2009)によれば、エスノグラフィーは、データから立ち上げた自分の知見を幅広い理論的パースペクティブに置く作業とともに仮説の導出過程を説得的に提示したものである。エスノグラフィーを用いることで、実証的手続きをふまえた理論化作業が可能である。

エスノグラフィーによる研究プロセスは、第1段階として、研究者が対象となるフィールドの社会的現実のなかに参与し、フィールド・ワークを行って、そこで見たこと、聞いたこと、感じたことをフィールド・ノーツに記述していく。第2段階として、フィールド・ノーツに書かれている情報を手がかりに、データ・オリエンテッドな理論仮説を生成する。第3段階として、導出した理論仮説についての解釈を記述するというプロセスとなる。

近年、経営学においても研究方法論としてのエスノグラフィーの可能性が議論され始めている。たとえば、伊藤（2017）は、現場の人々の日々の実践を把握するために人類学的なエスノグラフィーを実務に用いることの可能性について議論している。[90]金井・佐藤・クンダ・マーネン（2010）は、一流のエスノグラファーである著者達が実際にどのように調査を行い、どのような苦労をしながらエスノグラフィーを描いているのかといったことについて、彼らのエスノグラフィーを素材にして紹介している。[91]正統的周辺参加論を主張するWenger（1990）は、学位論文において、保険請求処理係のエスノグラフィーの執筆を行い、実践過程の理論化を行う際にエスノグラフィックなデータが有効であることを示している。

一方、ガードナーら[92]による、LQ誌の2010年から2019年までに提出された質的研究法を用いた実証研究全52論文のうち、エスノグラフィーを用いた研究はわずか2論文というデータ（質的研究法を用いた研究が実証研究論文で占める割合は8.7％であった）が示すように、リーダーシップ研究分野で、エスノグラフィーが用いられる論文はいまだ多いとは言えない。

フィールドワーカーが、フィールドで生活する人々の社会的現実の解釈を記述するエスノグラフィーという研究方法には、次に取り上げるダイアローグ概念を用いた分析が有効と考えられる。

ダイアローグ概念は、他者との対話を通じて、対話する双方が新しい解釈を作り出し、関係性を発展させることを強調する概念である。つまり、関係アプローチの視座が要請する社会的な文脈における日常的な実践に対する理解を深めることが期待できる。では、次にダイアローグ概念を詳しく見ていこう。

第6章 ダイアローグ概念

本章では、日常的実践における対話の関係を読み解く分析概念として、バフチン論におけるダイアローグ概念[93]を取り上げ、その上で、ダイアローグ概念を援用してシェアド・リーダーシップ発生プロセスを捉える分析枠組みを提示する。

1 ダイアローグとは

ダイアローグを極めて直截的に説明すれば、「二人以上の人物が意思を交わす行為」(田島, 2014, p.9)である。このように述べると、単純に聞こえるかもしれないが、ダイアローグの内実を説明することは極めて難しい。ダイアローグ原理(dialogism)を唱えるバフチン論におけるダイアローグとは、単純に意思を交わす行為ではなく、それを通じて話し手と受け手の双方向に変化を与える対話の関係である。その特徴は、次のようにまとめることができる。以下では、ダイアローグ概念について次の3つの特徴から紹介していく。

① 双方向に変化を与えあう関係
② 意味の創出
③ 継続的なプロセス

双方向に変化を与え合う関係

ダイアローグが双方向に影響を与え合う関係であることについてバフチンは「内的説得力のある言葉」という概念を用いて述べている。バフチンの考える内的説得力のある言葉とは、話し手と受け手が交わし合う言葉により、両者の内的な対話が促進されるような言葉を指す。[94]

バフチンは、他者の語る内的説得力のある言葉が自己に肯定的に摂取される過程において、自己の内的説得力のある言葉として緊密に絡み合うと述べる。さらに、内的説得力のある言葉は「半ば自己の、半ば他者の言葉」と表現することを踏まえれば、内的説得力のある言葉が交わされるダイアローグとは、対話を通じて、相手の言葉が自分の言葉と重なり、緊密に絡み合いながら「声」を出し合うことができる対話の関係とおおまかに理解できる。

一方、バフチンは、内的説得力のある言葉に対置される概念として「権威的な言葉」を導入し、それが用いられる対話の関係をモノローグと呼んでいる。一方的に命令や指示が伝達され、それに対する意志を持たない同意や忖度が交わされる予定調和的な対話の関係がモノローグである。権威的な言葉に支配されるモノローグについて、バフチンは次のように述べている。

権威的な言葉が我々に要請するのは、無条件の承認であり、自由な適用や、自分自身の言葉との同化などでは全くない。―中略―自由で創造的な洋式化を行ういかなる変奏をも許さない。権威的な言葉は、我々の言語意識のなかに、密集した分かち難い統一体として侵入してくるのであって、それに対する態度は無条件の是認か、無条件の拒否のどちらかでなければならない。(pp.161-162)

無条件の是認か、無条件の拒否しかないモノローグの関係では、それぞれの言葉は一方通行にすれ違うばかりであり、引用にあるような創造的な様式化や変奏といった変化は生じない。では、ダイアローグにより、相互に生じるであろう変化とはいかなるものなのであろうか。

意味の創出

自己と他者が双方向に変化を与え合うダイアローグでは、「半ば自己の、半ば他者の言葉」として、他者の言葉が自己の言葉に入り込む。自己と他者の言葉がぶつかりあうダイアローグの緊張的な関係により将来に向けた新たな意味が創出される。意味の創出について、田島は次のように述べている。

しかしバフチンはこのような、自己意識が他者に規定されきれない未完結な部分を持つ存在であることを高く評価していた。自己同士が接触する（ダイアローグが始まる）際、相互の見解がぶつかることにより新たな見解が創出し、互いに変化し得るからである（田島, 2014, pp.9-10）

引用の「自己同士が接触する（ダイアローグが始まる）際、相互の見解がぶつかることにより新たな見解が創出し、互いに変化し得る」という考えが、バフチンが説くダイアローグの中核原理である。田島の言う「新たな見解」とは、ダイアローグにより生起するその後の自分の行為／行動を方向づけ、変化させる近い将来に関わる自己理解／意味＝「気づき」である。この創造的な「気づき」の生成、および、「気づき」に触発されて引き出される行動変容こそが、ダイアローグにより相互に生じる変化である。

継続的なプロセス

また、田島は、桑野を引用し、次のように自己と他者の絶対的な異質性（わかりあえなさ）が、ダイアローグの継続性を担保していると解説している。

桑野（2008）は、このようなダイアローグの性質を「ともに声を出すこと＝協働」および「さまざまな声があること＝対立」の両面が同時に成立することと捉えた。バフチン論において「声」とは、主体の視点から解釈される世界観を示す概念と解釈できる。つまり、内的にも外的にも、話者らの声は完全に一致することがないからこそダイアローグに終止符は打たれず、世界に向けた人々の解釈も更新され続けていくのである。―中略―つまりバフチンの論において、他者との絶望的なまでの分かりあえなさとは、人々が既存の世界に一方的に飲み込まれることなく、ダイアローグを通して新たな意味を創出する原理であり、世界の革新性へのかけがえのない希望をも示すものであるように思われる。澤田（2009）は、このようなバフチンのダイアローグ論の逆説性を評し「対話の不可能性に可能性を見る」と呼んだ。我々の声は相互に異質であり、永遠に融合し得ないからこそ、つねに、ダイアローグを通した更新可能性を担保しているのである（田島, 2014, p.10）

田島の解説は、まさしくダイアローグ概念の本質をついている。他者との差異（わかりあえなさ）を看過する（＝モノローグ）のではなく、それを多様性として受け入れる。しかし、受け入れるが、差異から生じる不安や葛藤を退けずに向き合い続ける。「対話と内省」による気づきと行動変容を反復する継続的なプロセスを通じて、人々は創造的に意識と行動を変容させていく。すなわち、桑野が指摘する「ともに声を出すこと＝協働」および「さまざまな声があること＝対立」の両側面の関係である。

相手の声＝主体性を否定し自分の意思を強制的に押しつける、あるいは相手に対して無関心となるのがモノローグである。声を否定するということは、相手の異質性を認めないということであり、相手という存在を無視することでもある。たとえば支配的な言説で、従属させる（される）、無視する（される）、拒絶する（される）関係を、バフチンはモノローグと呼んでいる。モノローグでは、主体性を喪失し意思を交わす行為が成立しないため、意味の創出は行われず、対話的相関性は生じないため、互いの行動変容は生じにくくなる。無条件に相手を拒絶するか、承認・肯定する馴れ合いや忖度しあう関係が維持される。

話者同士が声の異質性を認めあい、私とあなたという主体がぶつかりあう対話を通じて、葛藤しながら何かに気づくこと。気づきから、将来に向けた新しい意味が創出され行動変容をつくるプロセス、そして互いに相手を承認しつつ緊張感のある対話を続けていける関係性を築くプロセスがダイアローグである。

ダイアローグは、その場でのある言葉、ある会話ではなく、それらを含む継続的なプロセスとして捉える必要がある。したがって、ダイアローグの意味は、その場における会話上の言葉が示す意味からだけでなく、通時的なダイアローグで変化していく関係のなかで、いまここでの言葉の意味が、いかなる過去の体験（言葉・行為）への応答であり、同時に将来の体験（言葉・行為）を方向づけているかによっても解釈される。ダイアローグの分析に際して、いま述べたダイアローグの特性を十分に考慮して行う必要がある。

2　ダイアローグ概念を用いた分析枠組み

前項でのダイアローグ概念の理解（ダイアローグ―モノローグ）をふまえて、「多声的な組織とモノローグ組織」という理論的枠組みを援用し、シェアド・リーダーシップ発生プロセスを捉える分析枠組みを提示する。

バフチン（2013）は、経時的なダイアローグで人々がたどり着く理想的な世界観として、「ポリフォニー」(polyphony）を提起している。ポリフォニーとは、相互に異質でありつつも融合せずに共生する対話の関係が成立する世界である。相手の声の異質性を否定し自分の声を強制的に押しつける対話の関係であるモノローグの世界観と対比的に説明される。バフチンはモノローグを、「言葉の意味構成に関し、話者間の自由で対等なダイアローグを阻む権威主義的な価値判断として攻撃した。一方、その対義概念としてのポリフォニーを、独立した意識を持つ話者が相互に新たな意味を見出す自由なダイアローグの性質を示す概念と意味づけ、理想化」(田島, 2014, p.11）している。

バフチンによる、「ポリフォニーとモノローグ」に対応した個人と組織の関係を説明するメタファーとして、ガーゲンは、「多声的な組織とモノローグ組織[95]」を紹介している。

ガーゲンが言う多声的な組織とは、ポリフォニーが現出する組織のことである。次のガーゲン引用を見てみよう。

参加を重んじる組織研究は、多声的な（ポリフォニックな）組織というメタファーを用いて記述されることが多い。ロバート・ロドリゲスのまとめによれば、「社会的現実を異にする人々が集い、それぞれの人の声が歓迎され、発言を許され、耳を傾けてもらい、未来を共に創造するために等しく評価されるとき」、多声性（ポリフォニー）が立ち現れる。メアリー・アン・ヘイズンは、組織が多声的になるのは、人々が自分たちの違いを称賛するときだと主張する。ヘイズンは、この主張の核心を、マルディグラのカーニバルの伝統を引いて説明している。この祭りでは、さまざまな人生を歩んでいる人々が集まって踊り、遊び、歌い、笑い合う。日常的な意思決定にあてはめるならば、その実用的な含意は明確である―できるだけ多くの人々が参加できる対話を生み出すこと。たった一人で、机上で自律的な決定を下している経営者は、組織の生命を危険に晒していることになる。(p.395)。

ガーゲンによれば、多声的な組織は「関係的主導」(relational leading) により現出すると言う。関係的主導とはつながりをもつ人が互いに影響を及ぼし合い、力を発揮しながら未来を目指す力である。すなわち、人々がダイアローグの関係を構築していくプロセスを通じてコミュニティの価値体系を作り合い、作られた価値体系に従って行動を変えていくコミュニティ・レベルの能力である。ガーゲンは、社会構成主義の立場から伝統的なリーダー中心アプローチを批判し、リーダーシップの捉え方を理論的にも実践的にもこの関係的主導へ転換させていくべきだと提案している。ガーゲンは、リーダーシップという表現を使わないが、関係的主導が生起する状態は、社会構成主義に依拠する関係アプローチが仮定するリーダーシップが生じる状態とほぼ同一と考えてよいだろう。

一方、ガーゲンは、多声的な組織を比較説明するためのメタファーとしてモノローグ組織を導入している。モノローグ組織では、組織の命令や指示に従う一方的なコミュニケーションが中心となり、人々は互いに無関心で、多声的な組織に顕著な対話関係が構築されにくいコミュニケーション不全が認められると言う。ゆえに、モノローグ組織における人々の対話の関係は、モノローグに傾斜している。

なお、本書におけるモノローグ組織の組織体制の定義は、伊丹と加賀野（2003）を参照し、「組織の階層（ヒエラルキー）のなかで、タテの命令系統を中心に中央集権的に意思決定権が集中するトップ・ダウン型の管理体制」とする。エスノグラフィーの調査対象であるZ支社は、この定義に当てはまる典型的なモノローグ組織であり、社内全体に深刻なコミュニケーション不全が認められた。

ガーゲンの理論的枠組みを援用すれば、関係アプローチにおけるリーダーシップ発生の識別という問題―関係的なプロセスからリーダーシップ発生状態を識別する―は、モノローグ組織（コミュニケーション不全の状態）から多声的な組織（関係的主導が生起する状態）へと変化していくプロセスの調査を行うことで解決できそうである。関係アプローチの理論的土台が社会構成主義であることから考えても、理論的に矛盾しない。したがって、モノローグ組織から多声的な組織へと個人と社会の関係が変化していく様態を追跡することで、「関係観点」からリーダーシップの発生を捉えることが理論上説明可能である。

しかし、関係アプローチに指摘されるヨコの壁という問題が残されている。この問題については、タテとヨコのダイナミズムを共時的に捉えようとするシェアド・リーダーシップがこの限界を越えるポテンシャルを備えていると指摘した。一方、いかにシェアド・リーダーシップが発生するのかについては未解明であった。

したがって、以下では、Z支社を調査対象として、モノローグ組織から多声的な組織へと個人と社会の関係が変化していく様態のなかで、図表3-1に示したシェアド・リーダーシップの基本的特徴を示すシェアド・リーダーシップが発生する具体的な様態の解明を試みる。

第3部 エスノグラフィー

Part 3 Ethnography

私は、あるIT企業（Z支社）に学術調査協力をいただく機会に恵まれた。組織の現場で働く人々の日常的な実践に入り込みフィールドワークを行った。このフィールドワークを通じて、成果を重視する組織風土によって組織全体が疲弊していることを知る。

第7章 フィールドワークの概要

1 Z支社の概要

Z支社は、典型的な成果主義の組織である。Z支社は販売組織として本社の強い統制下にあるモノローグ組織である。

Z支社の人々は、本社組織から自分に付与される数字（目標金額および数量）を出すことが絶対であり、失敗は許されないという認識をもっている。Z支社の人々は、仕事をまじめに一生懸命行う人たちである。しかし、数字を出せば評価され昇格していくという人事制度が下支えとなり、自分の数字を出すことだけに価値体系を置くようになっていた。社内全体にコミュニケーション不全が生じ、社内のルールを守るなど数字以外に関わるモラルが低下し、人間関係が悪化し、それら諸々の影響が顧客サービスの品質に影響を与えていた。Z支社の人々はこのような状況について不満を持っていた。こうした組織の状況を問題視して、組織改善に向けた有志のプロジェクトが数多く立ち上げられてきたが、いずれも長続きせず、いつの間にか消滅するということを繰り返していた。成果を重視するマネジメントによって、組織全体が疲弊していた。

私は、Z支社の組織的課題として位置付けられるセクショナリズムの改善とCS顧客満足向上に向けた組織変革の取り組み、「チャレンジ活動」のコンサルタントとして関与し、それと並行してフィールドワークを行った。

フィールドワークは前期と後期に分かれている。前期（8ヶ月間）では、チャレンジ活動第1の取り組みである**「改善者の会」**を含む従来的なZ支社の実践を調査した。後期（5ヶ月間）では、改善者の会の収束後に立ち上がる、上野支社長（以下上野）を含めたZ支社幹部5名のメンバーによるチャレンジ活動第2の取り組み、**「挑戦者の会」**の実践を調査した。

ここで、Z支社の親会社であるHネットワーク・システムズについて説明する。同社の法人を顧客としたネットワーク・サービスの営業・開発・設置・保守である。同社は、東京を筆頭に、大阪・福岡・名古屋・新潟の全国5つエリアに支店を持っている。同社ドメインであるネットワーク・システムの国内市場は、市場全体の3分の2を国内大手SＩ3社が分けあい、残り3分の1の市場をHネットワークを含めた十数社が奪い合いをしている。国内市場のなかでも特に競合がひしめく東京エリアを担当するZ支社は、競争が激しい市場環境のなかにあって、同社5エリア最大の営業利益を出すことが命題となっている。

図表 5-1 Z支社の組織構成

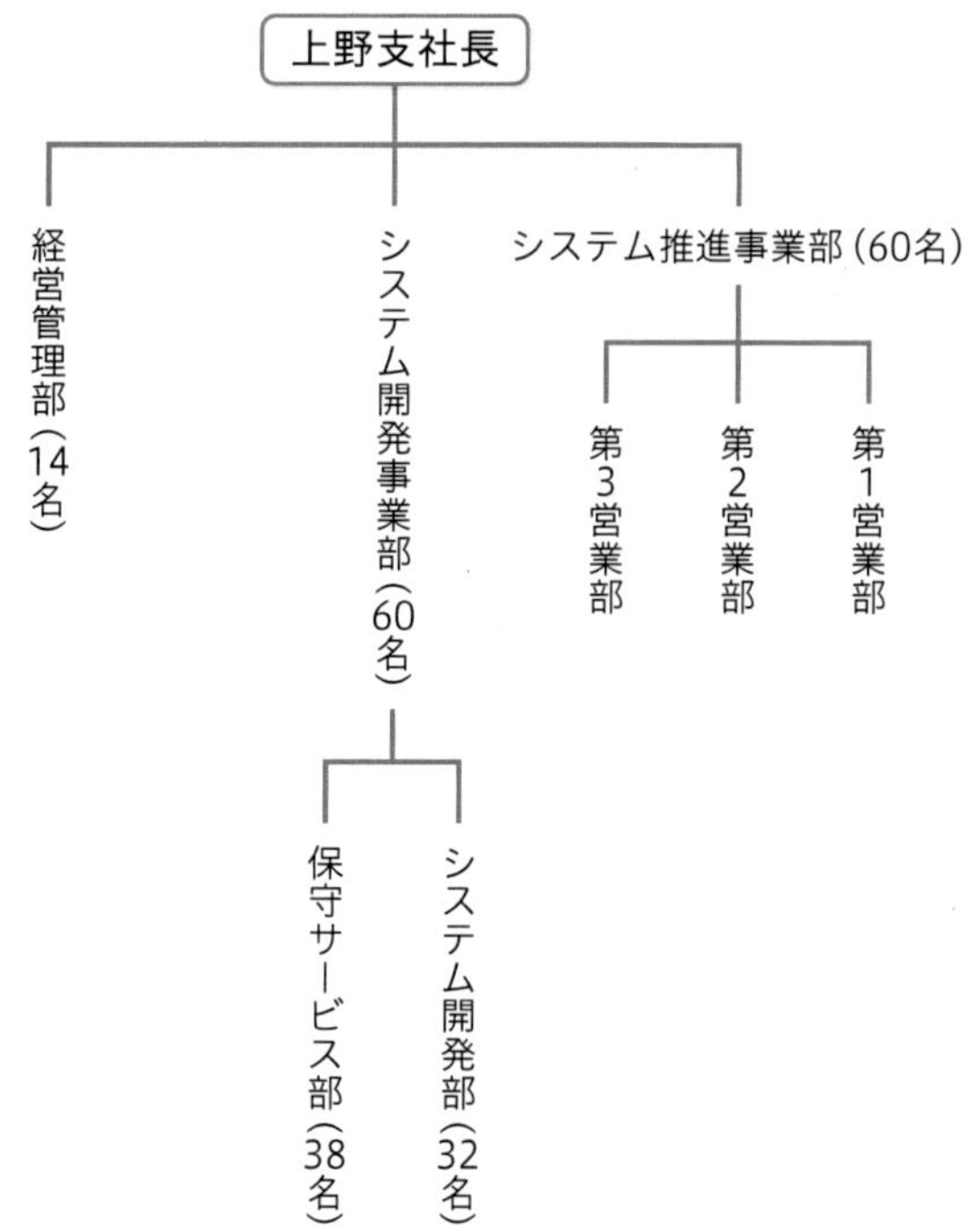

Z支社の組織は、上野をトップに大きく3つの部に分かれている。システムの営業組織であるシステム推進事業部、システムの開発・設計・納品・保守を行うシステム開発事業部、経理処理や契約処理などを行う経営管理部である。システム推進事業部は顧客企業の業種により3部門に分かれていて、さらにその配下に10名前後で編成される営業グループ（課）が配置されている。また、システム開発事業部は業務の流れによって2部に分かれていて、営業が受注した案件からシステム構築を行うシステム開発

部、納品からその後のアフターサービスを担当する保守サービス部で構成されている。Z支社の社員総数は139名でその構成は営業職であるシステム推進事業部65名、開発職であるシステム開発事業部60名、経営管理部14名である。上野はZ支社の支社長であるが、本社のなかでの役職は東京エリアの事業本部長である。上野は本社事業統括本部長である取締役Kを上司とする中間管理職であった。いま述べたZ支社の組織構成を図表5-1に示す。

改善者の会の収束により、一時的にコンサルタント契約は解除されたが、上野より支援継続を依頼されたため、改めて私はZ支社とチャレンジ活動のコンサルタント契約を再締結し、挑戦者の会を立ち上げた。このように、改善者会プロジェクトのオーナーは取締役Kであるが、プロジェクトの管理責任者は影山、チームリーダーは平野という形態を取り、他方、挑戦者の会では、上野に一元化された。

なお、フィールドワークの倫理的配慮に関して、調査対象者全員に書面で調査許諾をとった。組織名を仮称とし具体的な業種の特性や組織の構成といった、組織を特定可能にするような情報の記述を実践の理解を損ねない程度に改変し、実践者の氏名はすべて仮名とするなど最大限の配慮をしている。また、私がZ支社に関与することはZ支社の全社員に対して文書で通知されフィールドワークを行うことも周知されている。

2 調査方法

分析データ

私は、7ヶ月目から13ヶ月目までの期間で、挑戦者の会の参与観察と企業向けのSNSサービスで日々記録されるテクスト・データの収集を行った。テクスト・データとは、挑戦者の会発足後すぐに開始された挑戦者の会のメンバー同士の日記のやり取り（以下SNS日記）に記載された内容を指し、日常的にメンバー間で取り交わされる会話のテクスト（総計185の投稿および投稿への応答コメント）である。テクスト・データは、すべてMicrosoft Excelで、日付・メンバー毎に整理した。

約2週間に1回、3時間前後行われる挑戦者の会のミーティングの場（計6回）をはじめ、次節で述べる各種の活動で、17日間の参与観察を行った。ミーティングの議論の場などへの参与観察の際には可能な限り音声をICレコーダーで録音した。参与観察の結果は、フィールド・ノーツを作成した。

分析方法

この後の第8章、第9章のエスノグラフィーでは、ダイアローグ概念を分析概念とし、モノローグ組織（第8章）から多声的な組織へ向けて個人と社会の関係が変化していく様態のなかで（第9章）、いかにシェアド・リーダーシップが発生するのか具体的な様態を明らかする。

データ分析手法として箕浦康子（2009）の「フィールドワークによる仮説生成法」を用いる。一次データとして取得した観察データ、フィールド・ノーツ、インタビューデータを使用し、理論的サンプリングにより仮説生成を行って、解釈の記述を行う。理論的サンプリングとは、分析作業の繰り返しにより徐々に姿を表す仮説が次にどんなデータを必要とするかを検討しつつ、リサーチクエスチョン（RQ）を説明しうる理論カテゴリーとその属性を発見する方法論である。分析手順として、以下の3作業を、理論カテゴリーの論理構造が首尾一貫し、全体の整合性が十分に確認できるまで繰り返す。①ラベル化作業では、新たな価値体系やチームで結ばれる関係に結びつきそうな会話をフィールド・ノーツから拾い出し、その特徴を示す名称を付与しラベル化する。②理論的サンプリング作業では、拾い出したラベルを比較対比することで、類似点から理論カテゴリーを同定したり、理論カテゴリーの属性を検討したり、理論カテゴリーが出現する条件を特定化する。③整合性確認作業では、理論カテゴリーがある程度同定できた段階で、フィールド・ノーツを再度読み込む。新しい理論カテゴリーを用いてフィールド・ノーツを再分析し検討する。相互の関係性が矛盾なく整合したと判断されるまで、以上の理論的サンプリングを繰り返す。一連の作業における重要点は、言葉（発話）だけではなく前後の文脈から解釈することである。理論カテゴリーの論理構造が首尾一貫し、全体の整合性が十分に確認できるまで繰り返し、SLが発生するプロセスを明らかにする。

第8章 モノローグ組織

本章では、調査開始以前から反復されてきたZ支社で指摘されるモノローグ組織の様態を明らかにする。

結果を先取りすれば、本章では「成果主義による狭窄」なる概念が一貫して見出された。これを端的に説明すれば、組織の命令に従い、個人的な評価を最優先することは正しいというコミュニティ独特の価値体系である。この「成果主義による狭窄」は、数字を出す行為を重要視する参加のあり方をつくり、数字をだすこと以外には無関心となる人間関係を助長していた。以下詳しく見ていこう。

1 モノローグの関係

ファースト・コンタクト

チャレンジ活動を通じて、私が最も長く濃密に対話（ダイアローグ）した相手は上野である。私は、改善者の会キッキオフ前に、上野の話をどうしても聞いておきたいと考えていた。

私は、コンサルティング支援の正式契約の段階で初めて上野と面会、名刺交換と次の短い会話をした。

上野は私に、同様の支援経験はこれまでにどの程度あるのか尋ねた。私が「もちろん経験しています」と応えると、上野は「そうですか、うまくいくのかいかないのか、やってみないとわからないので、期待してます」と語った。私は、「なるべく早い時期に面談をお願いしたい」と依頼した。上野は「ええ、ぜひお願いします」と答えた。

私は上野の「うまくいくかわからない」という遠慮ない言葉に少し驚いたが、「期待しています」と言うからには契約が問題なく進むと理解して安心した。私を見つめる上野の鋭い眼光をいまでも鮮明に記憶している。この時、私は「Z支社という大きな組織の長をつとめる上野という人物はどういう人なのだろうか」と、上野という人に興味を抱いた。

ここで上野について触れておきたい。上野は勤続33年のベテラン社員である（調査当時55歳）。元営業マンで数字に厳しい管理者である。上野は、数字を落として課してくる怖い存在と社員から認識されていた。

上野は、入社後第1のキャリアとしてZ支社で営業職を10年経験し、その後本社に転勤となり第2のキャリアとして営業企画の経験を経て、第3のキャリアとして20年ぶりにZ支社に支社長として配属され、調査開始時に着任後1年を迎えていた。Z支社は上野が着任する前の2年間、支社としての売上数字目標が未達成であった。そのため、売上数字目標の達成が本社社長から上野に付与された絶対命令であった。上野は、責任感が強く、「あたり前のことを当たり前にやる」が口癖の良識を重んじる人、本来的には面倒見が良く人情に厚い人物である。しかし、心情をあまり表情に表さず、ストレートな言葉遣いや言葉足らずなところもあるため、彼を良く知らない社員には近寄り難い怖い存在であった。Z支社では、組織の重要な意思決定のほとんどを本社が行うため、Z支社トップである上野が組織を動かすような意思決定を行う必要がなく、社員もそれを期待していなかった。加えて、組織に対する不安や不満の矛先が上野に向けられる状態になっていた。上野は成果主義組織のなかで数字の管理者と位置付けられていた。

なぜ、契約まで上野と会う機会がなかったのか。それは、契約依頼者がZ支社の責任者である上野ではなく、Z支社の上位組織である本社取締役Kだったからである。

私は取締役Kとは共通の知人の紹介により顔見知りであった。Kが取締役に就く以前、おおよそ10年前にZ支社と同様の下部営業組織の営業部長をしていた頃、営業マンの教育の支援を行うなどの法人取引があり、また個人的にも不定期に食事に行くなどの交友関係があった。

Z支社の業績を管理する立場にあるKは、Z支社の業績向上およびZ支社の組織風土の改善をねらう取り組み施策を検討していた。ある時、私はKにこの件で相談を受け、そこから支援を行うことになり、契約に至ったという経緯である。

私はコンサルタントの業務契約を本社と締結した。この業務を請け負う際に、私は研究調査を目的とするフィールドワークを行う許可を本社およびZ支社と書面にて取り交わした。チャレンジ活動の発起人は取締役Kであるが取り組み主体はZ支社であるため、取締役Kはチャレンジ活動に直接関与する立場をとらず、代わりにZ支社営業本部長の影山をZ支社のチャレンジ活動の責任者に指名した。一方、影山は実行責任者として営業部長の平野を指名した。

ここでなぜ支社長である上野が指名されなかったのかその理由を私は取締役Kから詳しく聞いていない。おそらく、指名された影山は取締役Kのかつての部下であり、上野よりも頼みやすかったのではないかと推察する。取締役Kは上野の上司であるが、上野は取締役Kより社歴が2年長いという微妙な上司部下関係も影響した可能性もある。

直接依頼者（取締役K）、活動責任者（影山）、実行責任者（平野）、実行組織の責任者（上野）が異なる複雑な状況で支援契約は進み、契約締結の段階で、私は上野と名刺交換を行った。

これが、私と上野のファースト・コンタクトである。この段階で、私と上野がダイアローグのパートナーとなっていくこと、そのダイアローグにより挑戦者の会が立ち上がり、後で振り返れば、モノローグ組織から抜け出し、多声的な組織に転じつつある状況のなかで、シェアド・リーダーシップが立ち上って行くことなど、誰も予想していなかった。

最初の対話

名刺交換からほどなく、私は上野と面談することになった。私の関心は、上野はZ支社の責任者としていまのZ支社の状況をどう捉えているのか、そして、上野という人物はどういう人なのかであった。上野との面談は当初40分程度を予定していたが、実際は2時間弱の長時間に及んだ。面談が始まると、上野は堰を切ったように私に語り始めた。その内容とは、たとえばZ支社にはエリア特有の営業的に難しい市場性が認められること、支社の開発能力が十分に活かせていないこと、開発が、効率を優先しすぎて案件の相談時にすぐに「できない」と応えてしまうこと、若手の育成が課題であること、着任から1年間経過しているが、社員が上野に気を使っているように感じることなどである。私は、熱く語り続ける上野の様子から〝自分と会社のことを良く知って欲しいと感じた（Note-A09-29）〟。対話を開始して1時間10分が経過したころ、私は上野に質問した。story1を見てみよう。

story1 上野と最初の対話

01 私……これから、改善者の会のメンバーのみなさんにも、いろいろ考えてもらおうと思ってますけど。こんなふうにやってほしいとか、チャレンジ活動への期待ってありますか。こんなふうになるような結果をもたらして欲しいとか。

02
上野……まぁ、なんていうですか、一番難しいことかもしれませんけど、当たり前のことを当たり前にできる組織になってほしいなって思いますね。組織として。今はお客さんに許されながら進めている感じですよね。

03
私……お客さんに許されながら？

04
上野……許されながら。だって、すべて決まった後にですよ、決めた後にできないとかっていうことが、開発が出来ないって言ってます、そんなことが出てきてるんですよ。

05
私……なるほど。

06
上野……いまは、お客さんの大きな愛に包まれながらやってるような感じなんですよね。当たり前のことを当たり前のようにやる。それをお客さんに甘えないでちゃんとやるというふうなことを、じゃ、我々は何が出来るのかみたいなところから、たぶん始まると思うんですけど。それが、いま全然できてない。チャレンジ活動だけの話ではないです。それは、うん、僕の責任でもあると、反省してるんですけど、僕は、どうしても、それを変えていきたいと考えてるんですよ。僕の任期中に。

07
私……それが、当たり前のことですね。

08 上野：うん、最近亡くなったぼくの上司が、よく昔言ってた言葉なんですけど、人の質の高さで量を出していくにしたいなと思っています。

09 私：そうですよね。私も、まさしくそれだと思っています。組織を変えるために、いかに人の質を高めれば良いのかということが、私にとっての究極のテーマです。今回、調査としても、仕事としてもやりがいのあることをやらせてもらっていると思っています。だから、私は途中で絶対にあきらめたりしませんよ。

（上野は、無言で、深くうなずく）

10 私：ところで、上野さんから見て、どんなふうになったら、組織が変わったって言えるんですか。

11 上野：ん？

12 私：どんなことが見えたら、ほう、ちょっと変わったと言えそうですか。

13 上野：うん。じゃぁ、それは僕がやりますよ、ですかね。

14 私：ほほ、そういう感じですね。

15 上野：そういう言葉がいつも出てくるようになったら変わったなということじゃないですかね。

16 私：なるほど。

上野によれば、Z支社の支社長は、任期が正確に決まっていないが本社の意思により一方的に決定され、成績が悪ければ1年から2年程度で交代になる場合が多いと言う。上野は、06行目で［僕の任期中に］と言っていることから、いつ動かされるかわからず、また、着任から1年が経過したその時点で十分に時間は残されていないと考えていたと思われる。上野は、08行目で亡くなった上司の言葉を用いて［人の質の高さで量を出していく組織］にしたいという思いを示している。上野は、自分のミッションである数字を出すことを達成するために、まず数字のことを考えるのではなく、人間の質を高めて、その結果として数字を出していける組織にしていこうと考えていた。

私は、上野という人物は数字に厳しいという印象を持っていたため、〝まず人の質に注目するという言葉に驚いた（Note-A09-76）〟。私は09行目で［そうですよね。私も、まさしくそれだと思っています。組織を変えるために、いかに人の質を高めれば良いのかということが、私にとっての究極のテーマです］と、上野が言葉にした上野の思いに同意を示し、加えて［今回、調査としても、仕事としてもやりがいのあることをやらせてもらっていると思っています。だから、私は途中で絶対にあきらめたりしませんよ］と意気込みを返している。

上野は、支社長着任から私と出会うまでの1年間、自分が背負う数字を出すことに孤軍奮闘し、数字以外のことについて考える余裕が無かったと思われる。そもそも対話できる相手もいなかったと考えられる。おそらく、上野は私と出会うまで自分の考えや思いを言葉にする機会がなかったのだろうと思われる。上野は、私との出会いをきっかけに、自らの考えや思いを言葉にする機会を増やしていったと思われる。

また、上野の語りで注目したい内容は、私が組織が変わったことを示す兆候（10行目）を尋ねた際の「じゃぁ、それは僕がやりますよ」（12行目）である。この言葉は、追って詳しく見ていくが「数字を出すことに価値を置き、それ以外については価値を見出さない」というZ支社の組織風土を示している。上司から言われたことを確実にやりこなすことを重視し、それ以外のことについては自分で考えない、不用意に自分から手を出そうとしない、いわば「指示待ち」社員がZ支社という組織を構成していた。上野は、組織が変わることにより「じゃぁ、それは僕がやりますよ」と主体的に行動にコミットするようになることが、組織が変化したことを示す一つの兆候となると考えていた。そして、この言葉は、後に上野自身に向けた言葉として戻ってくることになる。

プロジェクト・メンバーの公募

影山、平野、私で協議し、改善者の会の目的を『Z支社が直面している組織的な課題である①部門間連動の不全状態、②顧客満足に向けた全社的な意識不足の「本質的な原因」を現場の観点から検討し、解決策を検討する』とすることになった。

次のstory2は、平野が全社員に向けて改善者の会のメンバーを募集した際に用いられた「メンバー公募」文書である。この文書で、改善者の会の立ち上げ趣旨と、私の関与について説明している。

story2 改善者の会のメンバー公募の文書

チャレンジ活動の立ち上げに向けて―個々の力をひとつにする。

仕事量も多くミスも多い。一生懸命やっているのにお客様に喜んでもらえないことも多い。このままでは今後の事業計画も成り立たない。われわれZ支社はこのままでいいのだろうか？いまできる事、いまできると思える事があるなら、それをいますぐ始めたい。自分達の知恵を集めて、会社を変えたい。このような問題意識が、このチャレンジ活動立上げの根本的な動機です。

当プロジェクトでは、このような問題意識を強く持ち、自ら何かやってみたいと思える方を公募し、業務改善のための検討チームを作ります。その活動は、組織公認の「業務的な活動」として認められるようになります。そして、約半年間の活動で、社員一人一人が問題解決のための主人公・代表として意識し、個々の力を一つにして、働きがいのある組織、やれば儲かる組織に生まれ変われるためには、どのような取り組みや見直しが必要かを組織に提言します。いまわれわれの組織が抱える諸問題の原因を「現場の観点から」把握し、解決策を検討していくことが当プロジェクトのミッションとなります。

なお、このプロジェクトでは、株式会社イデアスの最上雄太氏にプロジェクト運営のサポートを依頼します。同氏はプロジェクトマネジメントの専門性を持ち、また、大学院にてリーダーシップを研究している方でもあります。社内外に入り込み、個々にヒアリング等を行うなどの調査の支援と、プロジェクト運営の支援を頂きます。

以上の内容でメンバー公募を行うと、計25名の参加希望の申し出が集まり、その中から7名が選抜された。非役職者かつ社内の部署から満遍なく選抜された。結果的に、いまの組織に対して問題意識が高く改善を強く希望する人たちでメンバーが構成された。

3時間行われたキックオフでは「いまの組織について、私が考えること」というテーマでフリーディスカッションを行なった。私はディスカッションに関与しないオブザーバーとして参加した。4.3.2(2)は、私のフィールド・ノーツの内容である。

「モノローグの関係」の露呈

7月22日に改善者の会のキックオフが行われた。参加者は、選抜されたメンバー7名（実行責任者の平野を含む）、チャレンジ活動全体の責任者である影山、そして私の9名である。キックオフの場に上野は不在であった。

3時間行われたキックオフでは「いまの組織について、私が考えること」というテーマでフリーディスカッションを行った。このキックオフで、Z支社の縮図と言うべき人々の関係が露呈した。すなわち、各々が一方的に他者への不満を語り、問題を他人事として捉えて他者に無関心となる人間関係である。この人間関係を、言説が他者に影響を与え相互行為を生まない「独り言」に留まるという意味で「モノローグの関係」と呼ぶ。なお、私はディスカッションに関与しないオブザーバーとして参加した。平野以外のメンバーは初見であった。

ディスカッションの前半では、組織への不満が次々と語られた。まず、メンバーのなかで一番若手である営業職・A層石川は、いまの組織は責任の擦りつけ合いが多く、お互いにカバーしあう精神がないと語った。石川によれば、働いている人みんなに余裕がないと言う。また、開発の人員が少なすぎて必要なことを聞けないため困ると不満も語った。

開発職・B層の富田は、まず何より社員や部署によって向いている方向が違う、ベクトルが合っていないことが問題と語った。会社からの方針や説明は、なぜそれをやるのかという意味や趣旨の説明が圧倒的に不足し、とにかくやれという感じになっている。そういう組織の体制が、いまのバラバラな状態を作っていると力説した。

営業職・B層の山崎は、いまの組織ではミスを恐れて、本来すべきことやした方が良いことができていないと指摘した。お客さんに対しても他部署に対しても、もっとこうできるなと思ってもどこかでブレーキがかかり、何かすることが面倒になってしまうと言う。また、いまの組織は減点評価しかなく、できてあたり前で、できても褒められないという風潮があると言う。誰かをカバーする気にはなれないと語った。

保守サービス部・B層の青木は、自分の範疇のことしかわからないし、他の人が何をやっているかわからない。正直にいえば、他の人が何をやっているのか関心を向ける余裕はないと語った。また、営業・開発ともに、ルールが守られていないと言う。特に営業はひどいと語った。会社には多くのルールが存在するが、ほとんどは行き渡らず意味が理解されていない。何が大事なルールかもわからない。ルール破りをすると次のルールができて、それもまた守らないという悲惨な状態、末端でお客さんと接する保守サービス部は、それの後始末を毎日させられていてうんざりしていますと語った。

営業職・B層の三河は、各部署でクレームの押し付け合いが起きていると語った。業務過多の状態で業務の質が低下し、そこでクレームが発生することによってそのクレーム処理で時間を取られる、すると業務が多くなる悪循環を繰り返していると語った。

開発職・B層の清水は、皆がお客様第一というベクトルに向いていないため、CSやESを上げていくことがいま組織には必要だと語った。また、ルールについて、細かな業務ルールが増えており、それを調べたり、対応したりで、本来行うべき業務に時間が当てられないのは異常であると語った。

最後に、経営開発部・B層の竹田は、メリット・デメリットで仕事をしている人が多いと語った。忙しいから自分にデメリットが多い仕事は避ける、逃げる、他人に押し付ける、っていう感じで、全部署がお互いに仕事の擦りつけ合いになっている。それが作業効率を下げて、人間関係も悪化させている。こういう状態になっていることを社員も幹部も知っているのに、誰も手をつけようとしない、自分には関係ないと考えているところがあると語った。

以上のように、ディスカッションの前半では、組織への不満が次々と語られた。その後、後半では、これから開始するプロジェクト活動への悲観的な観測が語られた。まず、青木は「なんかこんだけ問題があって、どうやってまとめるのかなってのがわかんなくて、で、どうせ上の人たちは聞いてくれないし、何もしてくれないですよね。そんなわかりきった状況で、自分たちで何かできることって言われても、何もできないですよ」と語った。すると、富田は「これまで、業務改善のプロジェクトが色々行われてきたが、部署ごとの問題を出して終わりとなり、改善するために各部署がどうするかという話にならなかったですよね。今回もそうなるのではないかと不安があります。たくさんのプロジェクトが立ち上がっては、その後どうなったのかがわからない。今回のプロジェクトがそうならないっていう保証はないですよね」と語った。すると、山崎は「というか、この8人が時間を合わせてミーティングするのって、なんか無理そうな、できるんですかね、みんな自分の仕事がありますよね」と語った。この山崎の主張に対して、平野を含め他のメンバーは誰も何も言わなかった。私は、この時の状況について以下のようにメモを書き残している。〝ここにいる全員が、自分が関わる問題であるにもかかわらず、まるで他人事のように語っているように見えた。自分の問題なのに。誰も真剣に考えていない。組織や誰かのせいにして、お互いに黙認しあっている〟(フィールド・ノーツ7月22日より抜粋)。

このように、改善者の会のキックオフは、組織への不満やプロジェクト活動への悲観論を自分勝手に語ることに多くの時間を使い、落とし所を見つけられないまま時間切れを迎えた。ここで見られたモノローグの関係の特徴は次のように整理できる。

①一方的:自己都合的に自分の言いたいことを一方的に語るだけで、解決を目指して自ら尽力するという意思を誰も示さない人間関係。ゆえに、他者と協働して問題解決に向かうという方向性が集団から打ち出されない。

②他人事:問題を他人事として捉える人間関係。自分は問題の被害者であり、解決すべきは他者と考えている。他者は利害対立する関係となる。

③無関心:互いに他者に期待や関心を向けようとしない人間関係。ゆえに、あらゆる人間関係は自分を守るためによそよそしい関係になる。

④①・②・③より、組織への不満を語ると言う点では凝集しているが、各々が問題を他人事として捉え、他者に関心を向けずに一方的に語っている点で各々は孤立状態にある。

ここで私が見たモノローグの関係は、Z支社のどのような状態と結びついているのだろうか。私は、この後それを調査するためインタビューを開始した。

不満の蔓延

インタビュー調査により私が最初に理解したのは、組織への不満が蔓延していることである。私は、Z支社の人々が抱く組織への不満の実情と組織の実践を調べるため、16名を対象に、非構造化インタビューを開始した。インタビューでは、最初に「あなたから見ていまの組織を〝一言〟で表現するとどんな言葉になりますか」と尋ねて、その後深掘りする順序で行なった。次のstory3は、その時に出された言葉の一覧である。一覧の内容は9月11日に実施した中間報告の資料からそのまま抜粋した。

story3　いまの組織を表す「16の言葉」

ルールが通らない／情報が共有されない／惰性的／紐がない凧／ベクトルが合っていない／甘い／被害者意識が強い／マンパワーに依存／あきらめている／個人商店／タテマエ／一杯一杯／まとまりがない／思いやりがない／バラバラ／ギスギス感

以上の「16の言葉」より、全てのインタビュー対象者が、内容は異なるがいまの組織について不満を抱いていることがわかる。これについては、チャレンジ活動を立ち上げる際に全社員に向けたアンケートの調査結果も傍証となる。利用許諾を得ていないため、この調査結果の詳細は開示できないが、労使に関して、部署間移動・人員不足に関して、仕事量・時間・人員不足に関して、マネージャーの力量不足に関して、会社の体制に関して、将来への不安に関してなど、実に多様な組織への不満が存在している。こうして、私は、組織への不満が蔓延する組織全体の状況を把握した。

2 成果主義による狭窄

インタビュー調査で次にわかったことは、Z支社では組織の命令に従い、個人的な成果を最優先することを共通の価値体系とし、それにより各々の考えや行動が制約されていることである。以下で繰り返し示される、組織の命令に従い、個人的な成果を最優先することが正しいというコミュニティ独特の価値体系を成果主義による狭窄と呼ぶ。

数字を出すという唯一の価値

最初に、第二営業部の部長である藤代のインタビューを見てみよう。藤代は、1年前に他支社からZ支社に転属となった。現在20名の営業職の数字を管理している。藤代と話すなかで、「約束数字」なるものについて話題となった。藤代は約束数字について次のstory4のように語った。

story4 営業部長藤代の語り

約束数字ってのは、これ絶対飛ばせないっていう、売り上げの数字のことです。約束数字はウエから降ってきます、はがゆい部分も多々あるのは事実です、でも、販売会社の世界として仕方ないとあきらめています。その一方で、営業は数字がいじれる世界でもあるんですよ。

約束数字とは営業部長が本社と約束する売上ノルマを指す。藤代によれば、約束数字は、本社から一方的に割り当てられると言う。この数字が、営業部内の課長に割り振られ、課長から各営業職に割り振られる。Z支社では、数字を出すこと、すなわち組織が期待する成果を忠実に挙げられる者が昇進や昇格できる、成果主義の制度が作られている。数字を出すことで1人前と認められ、数字を出さない者は出世できない。藤代が「これ絶対飛ばせない」と言うように、約束数字には失敗が許されない。

では、「はがゆい部分」とは具体的にどんなことであろうか。藤代によれば、特に期末では、本社との数字のやりとりがシビアになり、どこまで数字を出せるか出せないのか、本社と頻繁にやりあいが行われると言う。契約の確定できていない案件は、数字を落とす（予定した数字があがらない）というリスクを避けるために、ほとんどの場合本社から数字を上げないという判断が下される。しかし、Z支社全体の数字の状況や、他支社とのバランスにより、契約上のリスクはわずかに認められるものの数字を上げてはどうかとほのめかされる場合もごく稀にあると言う。その時、部長は数字を落とすリスクを避けたいと考える一方で、自分の評価に関わるため断ることができないと言う。しかし、不幸にも予期せぬ事態が発生して数字を落とすこともある。私が「そんな時、どうなるのか」と尋ねると、藤代は「（本社との交渉について）最終的に、数字を落としたということだけが記録に残り、その責任は部長の責任になるんです」と語った。藤代によれば、このような場合、そこに至るプロセスや報告した内容は看過されて、数字を落としたという結果だけで評価されると言う。しかし、このような場合でも、「販売会社の世界として仕方ない」とあきらめると言う。しかし、いまの立場を悲観するだけでなく、「その一方で、営業は数字がいじれる世界でもあるんですよ」と、肯定的な側面もあるという見方を示している。

以上より、Z支社では組織から評価される仕事をすること＝数字を出すことが組織メンバーとして当たり前であり、何よりも重要視されていることがわかる。その結果、本音としては承服しかねる処遇があったとしても、自己主張することを諦め、そんな組織との関係を甘受している。成果主義による狭窄は、数字を出して評価される従属関係を甘受する実践のあり方（行為）に深く結びついていると指摘できよう。

この成果主義による狭窄は、次の営業本部長影山の語りからも読み取れる。私が影山に「Z支社の人々は、数字というものをどのように捉えているのか」と尋ねると、影山は「頭なでられる生き方を誰もしていない。たまに褒められる。それを生き甲斐にしている。頭たたかれて実績あげて出世していく人が多いです。この世界は。数字を出せるのか出せないのか、それが問題と言われる。で、それに結果を残した者だけが評価されるんです」と語っている。この影山の言葉は、組織から評価される仕事をすることが重要な意味を持つこと、すなわち成果主義による狭窄を如実に物語っている。影山が言うように、組織の評価対象は「数字を出せるのか出せないのか」であるため、数字を出すこと以外については相対的に意味が低下する。このように実践を意味づけることで各々の考えや行動（＝実践）が制約され、制約された実践を繰り返すほどに、厳しい数字に管理されつつ組織内評価を支えとする実践を当たり前と考えるようになる、つまり成果主義による狭窄が強化されていくのである。

よそよそしい上司部下の関係

では、成果主義による狭窄が顕著なZ支社の人々の実践の具体はどのようなものか、そしてそれはモノローグの関係といかに結びつくのであろうか。

営業職・A層の井上は、入社2年目の新人営業である。1年目は何もかもに戸惑ったが、2年目に入りようやく仕事の内容がわかるようになってきたと言う。最近初めて契約を決め、契約前後の開発職と業務的やりとりが発生するようになった。井上によれば、この開発職のベテラン社員とのやりとりがストレス（＝問題）であると言う。営業職は開発職と連携しながら見積もりや提案を進めていく必要がある。入社3年未満の若手営業職は2まわり（24歳）ほど年上の役職者と話をすることになるが、井上のような若手が年上の開発職に契約した顧客との面談日程の相談をすると、忙しい、時間が無いと、「冷たい対応」を受ける場合が多いと言う。「そんな時どうするのか」と私が尋ねると、井上は「本音は『えっ』て感じですけど、なんか、仕方ないなと思います。上司からも、お前の仕事は売ることなんだといつも言われてますし、割り切っていいます」と呟いた。

井上に対するベテラン開発職の物言いは極めて自己都合的である。しかし、井上は「なんか、仕方ないなと思います」と業務上必要な社内交渉を行う意識が消極的になっている。注目したいのは、井上と上司間のコミュニケーションである。井上によれば、この問題を上司に相談したこともあったと言う。しかしその時に「そんなことは、自分でなんとかしろ」と突き放された経験があり、それ以来は商談以外のことについて上司に相談することをしなくなったと言う。上司は部下の問題に真剣に向き合おうとしない。他方、部下は上司に困りごと（問題解決）への支援を期待していない。その後、井上は「お前の仕事は売ることなんだといつも言われてますし、割り切っています」と語り、自分の評価に直結する営業活動を行うことの方が、面倒な社内交渉と比較してより重要であると意味づけ、納得しようとしている。

以上のことから、自己の評価に直結する数字以外について、部下は上司に期待せず、上司は部下に関心を向けないモノローグの関係が業務上必要な社内交渉を思いとどまらせ、自己の評価に直結する業務を行うことの方がより大事で、相対的に社内交渉は大事ではないという意味、すなわち成果主義による狭窄を強化したと解釈できる。結果的に、必要な社内交渉が滞り、開発職とのよそよそしいモノローグの関係がますます助長されてくる。こうして、目の前にある問題を自分には関係ないと看過することで、問題が放置され、一つ一つは些細な未解決問題の蓄積により、すでに確認したような不満が蔓延していくと考えられる。

個人主義への傾斜

営業職・A層の入社4年目の陣内は、順調に数字を上げ、若手のなかで期待される営業の一人である。陣内によれば、忙しすぎて数字を出せないと言う。どういうことか。陣内は、先月・今月と複数の契約を決めているため、契約案件の開発作業手続きだけで一杯一杯の状態であるという。そのため、今月もう1本契約を決める見込みがあるが、これ以上数字を上げると業務が回せなくなってしまうため、契約を来月に延ばすしかないと言う。私は陣内に「(契約本数について)すごいですね。部長はそれ(来月に延ばす)でいいって言うのですか」と尋ねると、陣内は「部長には言えませんよ。言えば全部出せって言われますから」と答えた。「なるほど、でも、それはなんかもったいないですね」と私が言うと、陣内は「自分が苦しくなるのが見えていますから、仕方ないです。誰も助けてくれませんし。この後どうなるかわからないし」と語った。陣内は、陣内のような数字の出し控えをしている営業は他にもいるだろうと語っていた。そして、「みんな自分の数字で必死ですから。うん、仕方ないです」と繰り返した。

陣内が「みんな自分の数字で必死ですから」と言うように、Z支社の実践では、自分の数字を出すことを最優先に考える。ゆえに、自分の評価を意識すればするほど、自己の利益を重視する個人主義に傾斜していく。この個人主義により、自分を守ることを優先するようになる。陣内は、数字を出し控える状況を「仕方ないです」と反復して自分を納得させようとしているように見える。自分の数字を出し続けていくことはZ支社の人々にとって最優先の課題である。単月目標に達している以上、ここで無理して数字を追加する理由も余裕もない。陣内が言うように、皆が自分の数字を追うことだけに専念し、困っていても誰も助けてくれないからである。

以上のことから、成果主義による狭窄が個人主義的な考えを助長して、組織全体の利益を軽視させ、他者への関心や期待を喪失させている状況が理解できよう。つまり、Z支社を支配する成果主義による狭窄は、モノローグの関係と密接不可分であり、両者は相互に構築しあいコミュニケーション不全を形成していると考えられる。ゆえに、コミュニケーション不全は、誰か一人が作っているのではなく、組織を構成する全員で作りあっているのである。いまの組織をなんとかしたいが、どうにもできないという閉塞感が、story3に示されるZ支社の人々の組織へのそこはかとない不安や不満を作り出していると考えられる。

道徳の軽視

営業職・B層の堂本は、優秀営業として社内表彰を何回も受賞している人物である。成績が優秀であることから今期で係長に昇格し、8名の営業が所属する部署の管理職を任されている。営業成績は昇格判断の重要な基準となる。ゆえに、管理職は成績優秀者となる場合が多い。

堂本は、入社15年目を迎え、優秀営業として社内で一目置かれている存在である。堂本は、井上と比較すれば先達であるが、ベテラン管理職である上野、影山、藤代と比較すれば、管理職としてはまだ見習い段階にある。堂本のインタビューから、どんな彼の組織人としての参加のあり方が見えてくるだろうか。

堂本によれば、本社の営業施策は旧来の考え方や過去の成功体験に縛られていると言う。堂本は、旧来の営業のやり方を強制する本社のやり方が不満であると言う。堂本は、とにかく商談の数を増やすという本社の営業施策が「時代遅れ」と声高に語った。本社の人間は、旧来のやり方を信じていてそれがいまも通用すると思い込んでいると批判した。そして、商談の数を随時本社に報告することを強制されるのが不満と語った。堂本によれば、本社に提出するためのエクセルの表を作成することに膨大な時間を取られてしまうと言う。堂本によれば、本社からの通達はZ支社の幹部を通さずに直接該当者に送られることが多いという。そのため、通達されたことをZ支社の幹部が同時に知る場合が多く、幹部に説明を求めてもわからないという事態も頻繁に起きると言う。

私は堂本に「(それほど)問題であれば、改善を要求したくなりませんか」と尋ねると、堂本は、「いまの組織には、何か言っても変わらないから、あきらめてます」と答えた。堂本によれば、「自分のような若い管理職が何か組織に提言したとしても幹部はどうせ聞く耳を持ってくれないし、それなら商談した方がよい。決められる案件が一杯あるんですよ。もちろん、(エクセルは) 出しますけどね」と語った。

ここまでの堂本の語りは、優秀営業としての独自の経験から営業展開について組織が出す方針に不満は多いが、その考えを抑制して組織の指示に仕方なく従うという「組織人」としての実践のあり方を示している。むしろ「あきらめてます」と語ることによって、自分のいまの重要な役割は数字を出すことであるという意義を再確認しているとも言える。

加えて、堂本は多くの営業マンが商談の数として提出する数字は「つくり物」だろうと語った。「つくり物」とは実際の数字とは異なるという意味である。堂本が指摘する「つくり物」をする行為は、言うまでもなく不適切である。しかし、道徳観の欠如を象徴する典型例としてここで取り上げた。

「つくり物」をしていることを直属の上司は知っているものなのかと私が堂本に尋ねると、堂本は「上司は (エクセルの表は) ほとんど見てないし、(つくり物だと知っているとしても) 知らないふりをしていると思います。契約の数字以外は意味ないですから」と語った。

この「契約の数字以外は意味ないですから」という言葉は、自分の成績や評価に直接関わらない数字については重要でないという社内の共通認識を如実に表している。また、上司を引き合いに出すことで、「つくり物」をするという行為を正当化していると言えよう。

「つくり物」に関わる堂本の語りにより、評価に関わらないことは重要ではないという成果主義による狭窄によって、個人の考えや行動が制約され、評価に直接関わらない業務をそんざいに扱うようになっていると解釈できる。結果として、本来であれば守られるべき道徳的な側面がおざなりとなっている。また、上司がそれを咎めない関係となっていることから、自己の評価に関わらない数字以外のこと（道徳観の欠如）に関しておざなりにすることを黙認するよそよそしい人間関係が認められ、そういったモノローグの関係が、部下の道徳観の欠如した行為を助長していると指摘できよう。

怒られても気にしない

営業職・B層の長野は、入社14年目の中堅営業、主任職である。まず最初に、私は、長野に「長野さんは、誰の配下で仕事をしてるって感覚がありますか」と尋ねた。すると長野は「僕の立場では感覚的には誰もいないですね。（直属の上司である課長の）○○さん配下という感覚もないし、特別、制限もないです」と語った。

Z支社では、課長という役割は形式的で、営業職の数字の管理は営業部長が一括して行う。営業部の課長は、6名前後の営業職を部下に持つ上司である。ほとんどの場合、課長は、課内で一番高い個人営業目標が与えられている。決済など管理職としての権限はほとんど与えられていないため、ほぼ形式的な管理職の位置付けである。

長野は前期から売り上げゼロが続いていたと言う。彼はいま、通称「ゼロ研」と呼ばれる、本社主催の半期以上契約ゼロの営業職（営業不振者）を指導する研修を受けている。私が「ゼロ研ではどんな研修が行われるのか」と尋ねると、長野は「単に営業行動の棚卸しとか、顧客訪問の計画とかを受けるだけです」と言う。長野は「仕事を整理することになるのでそれはそれでいいかなと、割り切ってやってます」と語った。そして「いまゼロ研修うけている身分ですが、言い方変えれば自由にやってますよ。私の場合」と答えた。私は「数字がゼロで怒られるとかはないんですか」と尋ねると「もちろん、怒られることもあります」と長野は答えた。「誰から」と私が尋ねると長野は「部長から。お前のせいで、数字が読めないだろうって（怒られます）」と答えた。支店長や部長は、予定している支社の数字が出せない場合、本社から直接的に厳しい指導をうける。このため、自分の管理下の営業職の売上が見込めないと、部長は自分の成果を出すことができずに立場が危うくなるため困るのである。加えて、長野は「でも、言うのはなんですが、うん、怒られてもその時だけで済むんで、辞めろとは言われないですし」と語った。どうやら、長野は、近いうちに数字が出せるだろうと考えているようである。「数字を出せない場合でも過剰に気にしない」という数字に対処する方法もあると言える。

また、長野の「怒られてもその時だけで済む」という言葉は、怒られても自分の安全は脅かされないという理解を示している。長野が言うように、Z支社では、営業職の数字の不振が続いても辞職勧告されることはない。長い期間成績が伴わない営業職には、本人合意の上でグループ内転属を進めるというオプションも用意されている。Z支社では数字を出すことに関しては極めて厳格に個人を統制するが、一般的水準よりも手厚い雇用体制が労働者の経済的側面を担保して、それが組織への従属性、つまり数字に厳しくても辞めないという組織と個人の関係を支えていると考えられる。長野によれば、Z支社の人々は、給与水準は同業他者と比較して高いと認識しているようである。特に営業職は歩合も高いと言う。また、辞職勧告については、同業他者ではよく聞くと語っていた。

ここまでは、営業職の実践に注目してきた。次に、開発職の実践に視線を移してみよう。

「できない」と言う実践

開発職・C層（管理職）の佐久間は、開発職として25年の経験を重ねるベテラン・エンジニアである。いまの職種は課長である。佐久間によれば、開発部の業務は多忙すぎて、課長であっても自分の案件をこなすだけで精一杯の状態で、管理業務は行えていないと言う。開発部の人員構成は、全32名中、A層は2名、B層は6名、C層は25名である。開発部人員の大多数は課長職（管理職）等級である。しかし、管理業務を行なっている者は、4月に新任した東大部長のみで、東大以外の管理職は佐久間も含めて自分の開発業務に専念している。

佐久間によれば「開発の人数は圧倒的に足りない」と言う。管理職として上司や組織に状況を伝えて改善しようと思わないのかと私が尋ねると、「開発部は本社からコスト部門として見られていて、営業を増やし開発職は減らすという組織の方向性が出ているため、どうせ言っても取り合ってくれないだろうとあきらめている」と不満を語った。

佐久間によれば、見積もりや設計提案など営業段階の支援も開発職にとって重要な業務であると言う。しかし、納期が決まっている開発業務に支障がでる可能性があるため、開発職は営業職の要請に応える余裕がなく、「できない」と答えてしまうことも多くあると言う。井上の例で確認したベテラン開発職の「冷たい対応」はその一例である。

佐久間によれば、開発職がすぐ「できない」と「冷たい対応」をしてしまう一番の理由は開発に人員が少ないことだが、営業職が自分本位に仕事を進めることへの不満もあると言う。営業職は、自分の数字を出すために、開発職の都合を考えず強引に予定を組んだり、手間のかかる仕事を振ったりする場合があると言う。佐久間は、本当は営業にももっと丁寧に対応したいんだけども、それで自分の余裕がなくなるかと思うと、なかなか良い返事ができないと語った。開発職についても、開発業務を行う年間の本数がノルマ化され、評価の対象となっている。つまり、開発職も営業職と同様に、数字を出すことで個人的に評価される。営業職と開発職間で自己の評価をめぐる利害の対立が起きていると考えられる。この利害の対立が、営業職と開発職に指摘されるモノローグの関係を構築する遠因となっていると考えられる。

モノローグの関係の再現

ところで、佐久間が言うように「開発の人数は圧倒的に足りない」のだろうか。3年前に別の支社からZ支社に転属になった開発職・C層の太田は、インタビューで興味深い私見を語った。太田によれば、「ここ（Z支社の開発部）の人たちは、口を揃えて人が少ない、人が少ないっていいますけど、他の支社と比較して案件の数に対する開発職の人数比は高く、実は、人数は他よりも多いくらいなんです」と言う。そして、「人数が問題というより品質が問題」と断言した。「出戻り作業やクレーム対応で業務時間が終わり、業務時間後からようやくいまの案件に取り掛かっている」と、現状の開発部の問題状況を指摘した。また、細かな情報の共有が難しい案件を特定の担当が独占することも品質を低下させている大きな原因だろうと語った。また、太田によれば「開発部には遅くまで皆で残って残業することをあたり前と考える風習がある」と言う。「またクレーム、また残業と不満を言いながら、結構、わいわいとやってるんですよ」と語った。

開発部は残業が常態化している。就業後の夜19時を越えた位から開発部のメンバーが開発部フロアに集まり残業をしている状況を私は度々確認している。

太田の私見を参考にすれば、一概に「開発の人数は圧倒的に足りない」とは言い切れない。むしろ、問題視すべき点は、サービス品質の低下（顧客満足の低下）、残業時間の増加（労働条件の悪化）と容認（道徳の軽視）という問題が発生している状況を、各々が認識しているにもかかわらず、各々不満を言うだけで看過しているという点である。まるで、全社的な矛盾が開発部に集約されているようであった（Note-0920）。

このことを私に確信させる出来事があった。それは、開発職と保守サービス職のメンバーが合同で行う開発・保守会議（10月7日）におけるディスカッションに参加した時に私が見た光景である。私は会議にオブサーバーとして参加した。参加者は、開発部長の東大、開発職（21名）と保守サービス職（23名）、私である。その時の状況について、フィールド・ノーツ（Note-1027）を元にして次のstory5に示す。

story5 開発・保守会議のフィールド・ノーツ

営業がルールを守らない、人数が足りない、忙しくて仕事がまわらない、残業や休日出勤が重なっている、組織や営業を対象とする不満の一方的な言い合い。途中、クレームの責任の所在で開発職と保守職が、言い合い。会議を進行しているはずの開発部の課長も、途中で営業への不満を語り出す。誰もが自分を守ることだけを考えている。話し合いの収集がつかない。落とし所が見つからないまま、時間がすぎる。自分はこうしたいという意思を示すものは皆無。意見を言わないメンバー、黙ってうつむいている者、iPadで会議とは関係ない調べ物をしている者も。東大部長も、黙って見ている。＝改善者の会と全く同じ！

私が開発・保守会議で見た光景は、改善者の会のキックオフ時のモノローグの関係そのものであった。繰り返しになるが、モノローグの関係の基本的特徴は、お互い好き勝手に自己主張をするだけで、他者の意見については無関心、他者と協働していまの状況をなんとかしようという意見は出ない。自分の問題であるにもかかわらず、組織や他者に責任を転嫁して個人が一方的に不満を語るという点で協調するという点である。

成果主義による狭窄は、営業職に対する開発職の被害者的な関係を助長し、その関係が「できない」と言う「冷たい対応」をつくり、営業と開発のモノローグの関係を生み出している。数字を出すという絶対的な価値を下支えとする、自分さえよければ良いという個人主義的な発想は、「自分の開発案件を抱えこむ」という行為を引き出しながら、不満を互いにぶつけ合うだけで発展的な結果が期待できない、いびつな集団を作り合っている。

3 モノローグ組織の様相

上野のコミット

チャレンジ活動開始から3ヶ月を迎える頃、私は、私がインタビューで知ったいまの組織の状況を上野に伝えた。私は、上野に対して、惰性的、紐のない凧といったstory3の「いまの組織を表す16の言葉」は、まさにこのZ支社の現状を照射するものであるが、その言葉には「うまくいかないいまの状況から抜け出したい、変わって欲しい、変えたい」という切実な願いが秘められているだろうと私見を述べた。そして、上野の権威的な態度に社員が萎縮しているという私の見立てを示した。次のstory6は、この見立てを示した会話を開始して34分後の内容である。

story6 上野と私の対話

01 私……あの。言葉の制限かけずに言うと、上野さんを、社員の皆さんは「おっかない人」だと思ってるんです。ただの「おっかない人」と。私は、ここまで話を色々させていただいたなかで、上野さんは、仕事に厳しいけど、人間味のあるあったかい人だと知っています。

02 上野…それもなんかアホらしいですね。なんかね。じゃあ、その誤解を解かないといけないですね。まずね。

03 私……誤解を解くために、協力したいんです。私は、上野さんを。みんな知りたがってるかもしれないですね。もしかしたら。影響力をそれほど認めてないとすれば、ちょっと変えれば、影響力は出るんですよ。絶対でるんです。その力もありますし。だとしたら、そのためにできることに対して力になりたいと、思っています。

04 上野…ありがとうございます。どうしましょうか。

01行目の「上野さんを、社員の皆さんは「おっかない人」だと思ってるんです」という言葉は、上野にとって耳が痛い言葉であったと思われる。しかし、私が「誤解を解くために、協力したいんです。私は、上野さんを」と言うと、上野は、04行目で「ありがとうございます。どうしましょうか」と私に考えを求めた。そこで、私は以下2点を提案した。1つ目は上野の人間性を知ってもらうためのニュースレターを開始すること、2つ目は全社員が集まる会議でチャレンジ活動に言及することである。具体的には、［ご自身で言っていたように、自分もチャレンジ活動を始めると言ってください］と依頼した。ご自身で言っていたようにとは、story1の12行目［じゃぁ、それは僕がやりますよ］を指している。つまり、上野の言葉は上野自身に向けた言葉として私から返されたのである。

私は、私の話を上野がどう受け取るか少し心配だった（Note-C29-43）。しかし、その心配は不要であった、上野は［なるほどね。願ったり、叶ったりです。いいと思いますよ］と私の提案をあっさりと受け入れた（Note-C29-47）。

次のstory7は、story6の上野と私の対話の3日後に上野が全体集会で全社員に向けて語った内容を文書化したものである。この内容は文書化されて全社員に配布されている。なお、私は、上野が話す内容について、上野もチャレンジ活動に参加したいという意思を示すということ以外については示唆せず、あとは思っていることを話して欲しいと依頼した。また、事前に話す内容を確認してもいない。

story7 上野のコミットメント文書

・改めて言いますが、いま私は、組織の長たる自分がまず変わらなければならないということを考えています。

「本当はお客さんに向かって仕事したいけどできていない」、そういう体制の中で業務をしていただいているという現状です。それを変えるために、間違いなく、私が、自分がまず変わることからチャレンジ活動をはじめたいと思います。そしてゆくゆくは、チャレンジ活動のメンバーの中に入りたいと考えています。

必ずこのZ支社を変えて、良くしていき、皆さんが思いきって仕事ができる、そういう体制にしていきます。皆さんについてきて欲しい、そして、力を貸して欲しいと思っていますので、今後どうぞよろしくお願いします。


上野は、全社員に向けて「自分がまず変わることからチャレンジ活動をはじめる」という思いを言葉にした。加えて、上野は以上の宣言の翌週から、全社員に向けたニュースレター『上野通信』の発行を開始した。

上野は、この『上野通信』を53週に渡り1週も欠かさずに発行し続けた。そのテーマは、好きな花のこと、少年時代のこと、甲子園出場までの辛い練習のこと、本が好きなこと、はみがきへのこだわりなど、上野の素顔がわかるような内容になった。第10号を超えるあたりから、編集後記に、組織に関する上野の考えを短く言葉にするようになっていった。私は、上野が毎号のテーマを考えるための相談相手となり、対話をする機会が増えていった。

上野をめぐるモノローグの関係

インタビューを重ねていくなかで、Z社社員らの不満の矛先は組織や幹部、ことさら上野に向けられていることがわかった。上野は、着任してから1年の間、数字管理を厳しく行うだけでなく、様々な点で妥協せずに指導するようにしてきたと私に語っていた。このように上野が語る背景には、上野が着任する以前から反復されてきた、不満が蔓延する組織に社員が慣れてしまい、数字以外の業務についてさまざまな緩みや甘えが出ていたことがある。その例として、井上や堂本の事例で示されたような、上司が部下に適切な指導を怠るという問題状況があった。

では、上野への不満とは具体的にどのようなものか。たとえば、営業職・C層の谷口は、「(上野は) 数字に関しては特に厳しい言葉になります。特に (着任) 当時はすごかったですよ。私もずいぶん怒られたし、営業担当もかなりやられたんです」と語った。「やられた」という表現から、上野の指導する態度はかなり命令的だったのではないかと想像できよう。

また、支社長に着任する以前の上野を良く知る営業職・C層の遠藤によれば、「(上野は) 昔から、厳しいことはぼそっと言う人だったんですけど、もっと人間味がありましたね、(支社長となった) いまは、なんか、暖かみがなくなりましたね。偉くなっちゃったというか、本気で応援してくれるような言葉が出てたんです」と語っている。一方、開発職・C層の宇野は「(上野は) 誤解されがちですけど、いい人なんです」と言う。私が「どんなところがですか」と尋ねると、「言いたいことを、ずばずば言いますが、基本、熱い人なんですよ。でも、誤解されやすいんですよね。口がきついから。いまの若い子たちは慣れていないんです。それなのにガーっと言うから」と語った。

おそらく、上野はZ支社の長として数字を出す責任を果たすために部下との接し方が命令的になっていたと考えられる。しかし、成果主義による狭窄に依拠して業務を遂行してきた社員にとって、数字に関わることだけでなく、数字に関わらないことについても厳しい口調で指導する上野は、社員から怖い存在と認識され、不満をぶつける絶好の標的となっていたと思われる。一方通行のモノローグの関係そのものである。

改善者の会の収束

『上野通信』が、20回目を迎える頃、改善者の会では、メンバーが語る不満の深層にある本質的な問題(これをウィルスと呼ぶ)は何かを検討して言語化するワークショップを行なった。

その結果、(1)「あきらめ」(2)「無関心」(3)「見ざる・言わざる・聞かざる」という言葉が抽出された。それぞれの言葉の意味を彼らが提出した資料からstory8として紹介する。

(1)「あきらめ」とは、自分が属している組織に対するあきらめであり、自分自身のこれからに対するあきらめを指す。組織を変えることにあきらめてしまい、声を上げることもない。自分の将来に希望を持てず、ビジョンを描けないという病を併発するウィルスである。

(2)「無関心」とは、自部署、担当者の仕事の範疇を限定し、関連他部署に対し能動的、積極的に仕事が出来ていない症状、または出来ていない様に見える症状を指す。また、〝どうせやっても〟と言った心情(手の施しようがない否定的な考え)を引き起こすウィルスである。

(3)「見ざる・言わざる・聞かざる」とは、個人も会社(組織)も問題があっても見て見ぬふり。言えばいいのに自分の仕事が増えるから口を閉ざす。都合が悪いことには耳を塞ぐ。個人においては自己防衛(人間の本質)に走る傾向が強く、自身の仕事が誰に向いて行なうべきかわからなくなるウイルスを指す。

「あきらめ」「無関心」「見ざる・言わざる・聞かざる」という言葉は、人々に蔓延している問題状況を見事に表象している。どの言葉も共通して、様々な問題は自分の手の及ばない組織の問題であるため、主体的に対処することができない自己の無力感や閉塞感を示している。

改善者の会では、このワークショップの後、「このウィルスを克服するために自分たちで何ができるか」という検討を行なった。しかし、具体的な解決策を提示して行動に移すまでには至らず、1年で活動は収束した。行動計画の段階で、彼らは「業務を優先したい」「仕事の余裕がない」「時間を取ることができない」といった理由を述べて、自ら主体的に行動することを頑なに拒んだ。改善者の会の8人のメンバーは、まさに自分たちが言語化した3つのウィルスに感染していたのである。いまの組織の状態には強い不満を持っているが、自分が主体的に行動することに最後まで、誰一人として、意味を見出すことができなかった。組織から評価される仕事をすることを重視する従来的な組織人としての実践のあり方から、一歩も抜け出すことができなかった。したがって、改善者の会の活動は、全社で展開できるような具体的な解決策を提案できぬまま、開始から1年で収束した。

このように、改善者の会の唯一の成果である3つの言葉は、言語化した当事者である改善者の会メンバーの行動変容には繋がらなかったが、この後立ち上がる挑戦者の会に引き継がれることになる。

モノローグ組織の様相

Z支社では、各々が一方的に他者への不満を語り、問題を他人事して捉えて他者に無関心となるモノローグの関係が構築され、そのなかで組織の命令に従い、個人的な成果を最優先することは正しいというコミュニティ独特の価値体系である成果主義による狭窄が生起していた。

Z支社では、自己の評価に直結する数字以外のことについて、部下は上司に期待せず上司は部下に関心を向けないモノローグの関係が組織全体に広がっていた。上司と部下のモノローグの関係は、個人主義を助長し、業務上必要な社内交渉を思いとどまらせ、その行為により自己の評価に直結する業務を行うことがより大事で、相対的に社内交渉は大事ではないという意味を強化する。その結果、お互いに不満を募らせていた。

モノローグの関係では、数字に直接関わらない業務上必要な社内交渉を抑制する自らの行為を通じて、自己の評価に直結する業務を行うことが大事という成果主義による狭窄を強化する。これによって、人々は、問題が増え続ける状況に不安や不満を抱えているが、皆、不満を言うだけで看過する。こうして、よそよそしいモノローグの関係が助長される。問題は解決されないままただ蓄積していくので、コミュニケーション不全がより深刻化し、「16の言葉」(story3)が示すように組織への不満が蔓延していく。

モノローグ組織であるZ支社の分析で、成果主義による狭窄という価値体系の存在が明らかとなった。Z支社が抱える組織的な課題であるセクショナリズムやCS(顧客満足)の低さは、成果主義による狭窄から個人主義に傾斜し、直接、自分の成果に結びつかないことに関心を向け、配慮することができず、問題を他人事として扱って責任を他者に転嫁し合うモノローグの関係から循環的につくられる関係的な問題として指摘できる。

この問題は、組織の正統的な活動—数字的な成果を出す—に結びついているため、あるリーダーの優秀な特性の発揮や、短期的なプロジェクト活動というような付け焼き刃的な対策や取り組みでは、本質的な解決を導くことは困難な状況であった。

このように、モノローグ組織では、失敗を恐れて新しいことをすることが面倒になり、他の人が何をやっているのか関心を向ける余裕がなくなり、自己のメリット・デメリットで仕事を選ぶようになる。成果主義による狭窄は、組織全体の利益を守るという意識を略取し、自分さえよければ良いという論理を正当化し、モノローグの関係（一方的・他人事・無関心）が強化されていく。したがって、モノローグ組織では個人が数字以外の自己主張を諦めて疎外し合い、対話の関係が結ばれにくくなるため、関係的主導が発生しにくいと指摘できる。

一方、モノローグ組織のポジティブな側面も指摘されるべきであろう。Z支社では、組織で働く人々の役割（数字目標）を明確に示し、それに沿った評価制度が整備されているため、人々を組織が求める数字を出す行為に集中させ、それ以外の意思決定の負担を軽減させるという社内制度が作られている。その結果、組織目標である数字を達成するよう人々を導くという経営上の成果に直結したポジティブな側面が指摘される。しかし、Z支社の事例では、こういった経営上のポジティブな側面の裏側で、ここまで見たような個人主義の助長、他者（上司）への不信、問題回避と組織や他者批判といったネガティブな行為が人々の間で常態化し、成果主義による狭窄が強化され、モノローグの関係が強固になるというネガティブなスパイラルから抜け出せない状態となり、深刻なコミュニケーション不全を誘発していた。

本章の検討により、モノローグ組織のコミュニケーション不全に深く関わる成果主義による狭窄という価値体系、および、モノローグの関係という2概念が明らかとなった。以上の発見をふまえ、対話の関係構築プロセス―関係的主導が生じる―のなかで、この2概念がいかに変化していくのかを追跡することで、リーダーシップ発生プロセスを把握できる見通しが立った。

実践的意義として、モノローグ組織を変革することの難しさが示された。成果主義による狭窄とモノローグの関係は、密接不可分に結びついている。そのため、モノローグ組織に指摘される、個人主義、他者（上司）への不信、問題回避、組織や他者批判という問題は、ある個人の問題ではなく、組織の公式的な活動に深く結びついた構造的な問題である。ゆえに、管理職に向けた理念研修、モラル研修、コミュニケーション研修などといった部分最適の解決策では根本的な解決は困難である。Z支社の組織的な課題として認識されているセクショナリズムのような組織不全の問題は、他の組織でも指摘される普遍的な問題である。解決の方向性として、モノローグ組織の観点から組織の問題を捉え直し、その状況に合わせて個人、特にリーダーの開発と組織レベルの開発を設計することで解決への道筋を描くことが可能になるのではないだろうか。ゆえに、モノローグ組織から多声的な組織に変化していく様態を捉える研究は、この問題を解決する有効な知見をもたらすと期待される。

次章では、挑戦者の会を対象とする事例解釈を行う。

第9章 モノローグ組織からの脱却

本章では、モノローグ組織から多声的な組織へと個人と社会の関係が変化していく様態のなかで、いかにシェアド・リーダーシップが発生するのか具体的な様態を明らかにする。

1 挑戦者の会の発足前夜

私は、これまで1年間アドバイザーとしてZ支社に入り込んで見てきた経験をふまえて、今後どうしていくべきかについて提案して欲しいと上野に依頼された。私は、この依頼に応えて、上野を含めたZ支社の幹部（以下メンバー）が主体となる新しい取り組みを始めることを提案した。

私の提案した内容は大きく3点である。①上野を含む少人数の幹部が主体となったチャレンジ活動の取り組みを行うこと、②月2回のミーティングの場だけでなく、企業向けのSNSサービスを活用して日々の活動報告を日記的に交換していくこと、③挑戦者の会の目的を「より良い組織を目指すため、幹部としての責任を果たすため、幹部チームとして意思統一を図る、自分のマネジメントを変え、支社の根幹を変える」とすることである。

前章で見たように、挑戦者の会に先行する改善者の会では、組織の問題状況が議論されたが、そこでの議論は全社で展開できるような具体的な解決策を提案するまで発展せず開始から1年で収束した。また、上野については、全社員に対し「自らが変わる」という宣言を行ったり、上野の人間性を理解してもらうためニュースレター『上野通信』を発行していた。しかし、これらの試みは、モノローグ組織に変化を与えるような効果的な打ち手とはならなかった。

以上の経過をふまえ、私は、組織の幹部層から意識と行動を変えていく必要性を強く感じていた。ゆえに、挑戦者の会で全社的な組織変革に向けた活動を展開する前に、まず上野を含む幹部メンバーが各々のマネジメントを見つめ直し、かつ、幹部メンバー間のコミュニケーションを活性化する必要があると考えていた。

驚くことに、幹部同士は、この会ができるまで会議以外の場で話をしたことがほとんど無く、そのためお互いのことを良く知らない関係だった。つまり、挑戦者の会のメンバーは、タテの関係もヨコの関係もコミュニケーション不足＝モノローグの関係だったのである。

次のstory9は、改善者の会の後、上野と私がチャレンジ活動について打ち合わせを行なった際の対話である。私は、3つの提案内容を詳しく説明した後、以下のように上野に語りかけた。

story9 上野と私の会話

01 私……上野さんが、日々組織について何を考えて、どうしていきたいかを、そこ（後に挑戦者の会と命名される取り組み）で皆に話して欲しいんです。

02 上野：わかりました。やりましょう。楽しみです。

03 私……ありがとうございます。これから、面白くなりますね。

上野は、私の提案の趣旨を理解し「わかりました。やりましょう。楽しみです」（01行目）と受け入れて、これから作るチームが将来的にZ支社の意思決定機関としての機能を持つように展開していきたいと私に語った。

その後、上野は５人のチームメンバーを選考した。メンバー構成は、1.支社長の上野、2.営業本部長の影山、3.営業部長の平野、4.開発部長の東大、5.管理部長の千葉である。なお、挑戦者の会のメンバー５人で構成される集団を〝チーム〟と呼ぶ。チームのなかで、「リーダー」という場合は上野を、「フォロワー」という場合には上野以外の４人のメンバーを指す。

2 「慚愧」の表明

上野の語り

私は、挑戦者の会のキックオフの冒頭で、なぜこの会を開きたいと思ったかについて率直に語って欲しいと上野に依頼していた。ただし、具体的に何を話すかについて私は示唆しておらず、事前に確認をしていない。上野は、挑戦者の会のキックオフで、私を挑戦者の会の6人目のメンバーとして紹介した。私は、挑戦者の会のスタート時点で、フィールドワークを開始して1年が経過しており、上野以外のメンバーとも何回も面識があった（最低2回は直接面談している）。上野はキックオフの冒頭で何を語ったのであろうか。次のstory10は、挑戦者の会のキックオフで、メンバー（影山・平野・東大・千葉・そして私）向けて語った言葉である。

story10 上野の語り

01 なぜこの会をやろうかということにつきまして、ストレートに言うと、自分を成長させるために、考えました。ある意味、自分の教育であるとか、訓練のためです。その先に、皆さんの、成長と支社の成長、こういう風につながっていくのではないかと思います。で、この会が必要だなということです。

02
ぶっちゃけた話をしますと、2年間、この支社の仕事をやってきて、ふりかえってみると、これだけのね、大きな組織をもったことはなかったし、まあもちろん、20年位このエリアから離れていた時期があったので、それなりに、たぶん正直自信がなかったということもあるかもしれない。

03
私は、この2年間、みんなにも、言わなくちゃいけないこと、ここがまずいなということが頭に浮かんでいたんだけど、えーと、数字に負けてしまい自分の言うべきことが全く言えてませんでした。手を打つべきことが後手後手となって、結局、やろうと思っていてもこだわっていけなかったんです。うん。情けないことに、自分の意思の力のなさがあって、言えてなかったなと。

04
だからここで、2年たったということもあるので、もっといい組織に向かって、しっかりと自分のイニシアチブ、自分のリーダーシップでひっぱっていけるようにしていきたいと思っています。

05
この5人で、もっと、思っていることとか、感じていること、腹に据えかねていることとかを含めて、皆で出し合って、本音で語り合いたいと思います。いつも、いつも、マネジメントのことを考えていきたい。ぐらいのことをしないと、俺たち、一致団結できないと思うんだよね。

上野は、自らの反省を赤裸々に語り、メンバーに本音で語り合いたいと要請した。上野は、まずこの会を開きたいと思った理由を「自分を成長させるため」と語り、それがメンバーと支社の成長につながっていくと語った（01行目）。その後、「ぶっちゃけた話しをしますと」と宣言した後、まずこれまでの2年間は自信がなかったと告白した（02行目）。03行目の「数字に負けて」とは、数字を出すことだけを優先してという意味である。また、上野の言う「自分の言うべきことが全く言えてませんでした」とは、自分の責任を果たすために、自分／相手に必要なことを率直に伝えることができていなかったという意味である。

つまり、上野は、この語りを通じて、数字を出すことを理由にして、知らず知らずのうちに、他者に対して無関心で無責任なモノローグの関係にはまり込んでいたと、自ら従来の実践のあり方を振り返っている。

その後、「もっといい組織に向かって、しっかりと自分のイニシアチブ、自分のリーダーシップでひっぱっていけるようにしていきたい」と意思表明を行い（04行目）、最後に、メンバーと「本音で語り合いたい」と期待した（05行目）。

上野は、この語りを通じて、うまくいっていないマネージャーである自分のあり方を率直に反省し、「情けないことに、自分の意思の力のなさがあって、言えてなかったなと。まだまだだな」と、切実な思いを吐露している。

この上野の語りを聞き、意思決定機関をつくるためにと招集されたメンバーは度肝を抜いたと思われる。私も、びっくりした（Note-K12-60）。上野の語りは、次に挙げるように、これまでの上野を知るメンバーにとって意外な内容であったと思われる。

① 自己成長の可能性への言及
② 自信がなかったと語る
③「数字に負けて言うべきことが言えなかった」と語る
④ うまくいっていないマネージャーである自分のあり方を反省する
⑤「本音で語り合いたい」と期待する

まず、①自己成長の可能性への言及である。従来の実践では、組織の命令に従い、自分の数字を追求することに価値を置いているため、定量化できる実在的な目標に向けて自分の役割を果たすことが求められた。極論すれば、個人は組織という全体の一部分の機能を担う存在（歯車）であるため、自己成長を期待できる余地はなかった。数字的な成果を出すことだけを重視する従来の実践では、自分さえ良ければよいという個人主義的な考えが助長され、自己の意思が抑制されていた。そのため、自己成長の可能性は閉じていた。しかし、ここで上野は、自己成長の可能性を展望し、それがメンバーと支社の成長につながっていくと喝破している。

従来の実践について、ある種、模範的な立場であった上野が語る、従来的な実践に向けられた批判的態度は、その実践を当たり前と信じてきたメンバーにとって、衝撃的であったと考えられる。

次に、②自信がなかったと語ることである。従来的な実践では、上司－部下のタテの関係は、支配－従属のモノローグの関係にあった。そもそも、上司－部下のタテの関係において、数字以外のコミュニケーションは希薄であり、権威的な存在である上野が、部下に対し、しみじみと自分の心情を吐露することなど、到底考えられなかったと思われる。

次に、③「数字に負けて言うべきことが言えなかった」と語ること。従来的な実践は、数字を出すこと以外のものに視線を向けることはほとんどなかった。その弊害や悪影響を考えることもなかった。上野の「数字に負けて言うべきことが言えなかった」という語りは、聞いているメンバー全員が、自分には関係ないとは言い切れない内容であったと思われる。なぜなら、ここにいるメンバーを含めてZ支社の人々は、「成果主義による狭窄」をつくり合ってきたからである。

特に、挑戦者の会のメンバーは、経営幹部の職位まで上り詰めた人々であるため、組織に従属し数字を出し続けていくことを当たり前と考える「組織人」であった。ウエから降ってくる数字に従う模範的な「組織人」であった上野が、その弊害に言及することは、メンバーにとって衝撃的であったと想像できる。

次に、④うまくいっていないマネジメントのあり方を反省したこと。上野は従来のマネジメントのあり方を再考し、今後は数字だけでなく「もっといい組織に向かって」、数字以外のことについてもこだわっていくことを宣言した。数字を出すことが目的ではなく、もっといい組織に向かいたいという意思の表明である。

上野の語りで重要な点は、第1に数字をないがしろにするという意味ではないということ。第2に短期的な数字の追求ではなく、もっといい組織に向かうというより大きな価値を示していること。第3に上司として命令するのではなく、あくまでも自分の展望を述べていることである。

最後に、⑤上野は「本音で語り合いたい」とメンバーに期待したこと。何か具体的なテーマを用意して、解決を目指すような会話ではなく、「もっと、思っていることとか、感じていること、腹に据えかねていることとかを含めて、皆で出し合って、本音で語り合いたい、いつも、いつも、マネジメントのことを考えていきたい。ぐらいのことをしないと、俺たち、一致団結できないと思うんだよね」と、本音で語り合う人間関係を期待した。

メンバー全員が、上野の語りを黙って聴いていた。ゆっくり、しみじみと語る上野の姿を見て、私は、これまで支社長という立場により封印されてきた上野の純粋な人となりが、この語りを通じて滲み出してくるような感覚を覚えた。

では、この上野の語りをメンバーはどのように受け止めたのか。

東大は「事前に思っていたことと違っていた」と率直に語った。しかし、その後「いつもマネジメントを考えるということを普段やってない、これを機会に自分を変えていきたい。もちろん、本音の語り合いもしたいです」と語った。

平野は、「意見のやりとりをする場がないので、いい組織になるだろうと思う。楽しく、私も主体的にやっていきたい」と語った。

千葉は、「近くにいてもあんまりこういう議論とかっていう本音で言い合える議論の場って正直ないなっていうのは正直感じていて、本音で話し合えたら面白いなと、いま感じているところです」と語った。

影山は、「自分自身はあんまり変われないかなと思っているんですが、支社長の言うようにここで普段言わないようなことを本音で話し合って、この5人が結束するということには効果があるのではないかと思います」と語った。

以上を見れば、それぞれの表現は違えども、4人のメンバーは共通して「本音で語り合うこと」に同意を示しているように見える。

彼らはいままで、同じ幹部同士であっても、じっくり語り合うことができなかった。平野が、「会議会議で気がつけば夜になる。自分の仕事をする時間が全くない」(平野インタビュー3月8日)と言うように、彼ら幹部は、日常的に会議に追われている。そして、会議の内容は、ほとんどが数字に関わる現状の確認や本社への数字の説明をどうするかという数字対策が中心となり、自分の数字に関わること以外について話すことは無い。そのため、メンバーは一連の会議、あるいは業務上の連絡や確認の場面で会話しているが、それ以外の会話はほとんどしたことが無かったのだ。東大によれば、挑戦者の会が始まるまで、影山や平野がどういう人物なのかを良く知らなかったと言う（東大インタビュー3月20日）。

「慚愧」の表明

あらためてstory10の上野の語りに視線を戻そう。上野の語りでは、うまくいっていない自分のマネジメントの現実―部下に対して自分の意思を率直に示せていないモノローグの関係―を、うまくいかない現実をつくる当事者として率直に反省、すなわち「自分事」として捉え直し、その現実から脱却したい、なんとかしたいという切実な思いが表明されている。

この語りのように、**近い将来の行動変容を方向づける、自分をとりまくモノローグの関係を自分事として捉え直し、それを変えたいという思いを「慚愧」（ざんき）と呼ぶ。**慚愧とは、仏教用語で、自分の行いや考えが恥ずかしいと感じ、自分を省みて反省する心の状態を指す。上野がここで表出させた「慚愧」は、まさにこの語に示されるような自己評価や自己認識に関連し、自分の過ちや欠点を率直に認め、問題の当事者として改善する意思を表象している。

この後詳しく述べるが、上野はこの表明以後、積極的にメンバーに対して自分の意思を率直に示し、自ら会話する姿勢を見せるようになる。たとえば、キックオフ後から開始するSNS日記やミーティングでのメンバーとのコミュニケーションで、努めて肯定的な態度を示したり、自らの意思も示しつつメンバーの自己開示を促進するようにもなる。上野は、従来の自身の言動を見直し、それを変えようと上野なりの新しい行動を試みている。

ダイアローグ概念に依拠すれば、「慚愧」は、ダイアローグを通じて表出する、その後の自分の行動を方向づけ、変化させる近い将来に関わる自己理解＝「気づき」すなわち田島（2014）が言う「新たな見解」である。

「慚愧」は、うまくいかない現実を自分事として直視することである。それを他人事にしたり、無責任に回避したり、一方的な言い訳をしたりするのではなく、上野がそうであるように、自分の問題＝自分事として自覚することである。

モノローグの関係を即座に解決できる処方箋は存在しない。モノローグの関係に陥る弊害をわかっていても、ついつい繰り返してしまう。気がつけば、モノローグの落とし穴に落ちてしまう。うまくいかない自分に辟易としながら、それでも前を向いて仲間の前に立たなければならない、そういう忸怩たる思いとして「慚愧」は表出する。

ダイアローグ概念に依拠すれば、上野が表出させた「慚愧」は、いまここで上野が発した言葉であるが、上野の過去の体験への応答でもある。過去の経験とは、おそらく、次のようなものではないだろうか。「16の言葉」(story3)にあるような不満の状況をつくってしまったこと、「あきらめ」「無関心」「見ざる・言わざる・聞かざる」という3つの言葉(ウィルス)が象徴するモノローグの関係を蔓延させたこと、改善者の会を収束させたこと、そして、目の前にいる4人のメンバーに対して言うべきことを言えて来なかったことである。上野はこのような苦々しい体験への応答として、「慚愧」を表明したのである。それは、上野の言葉であり、目の前にいるメンバーの言葉であり、Z支社社員全員の言葉でもある。うまくいかない現実、でも、あきらめずに続けていくしかない。私や人々のせつない「声」が複雑に混じり合い、挑戦者の会のキックオフの冒頭の語りのなかでしみじみと表出したと考えられる。

すでに述べたように、この上野への応答として、4人のメンバーは、本音で語り合いたいと率直な意思を返している。同じ支社の幹部同士であっても、これまで数字以外のことについて話し合う機会がほとんど無かった。ゆえに、上野の意思を受け入れて、自分の意見を語ってみたいと思ったのではないだろうか。上野と4人のメンバーがモノローグの関係であった状況をふまえれば、4人のメンバーは「慚愧」を表明する上野を目の前にして驚きつつ、これから何か変わるのではないかと予感したのではないかと思われる。

この後、チームは対話を開始する。対話を通じて、ひとりひとりが、それぞれ少しずつ変化し、やがて上野を巻き込むような形で「慚愧」を共鳴させるチームへと変貌していく。

うまくいってない現実をみつめる

上野の語りの後、キックオフでは、チーム・テーマ（メンバー各々が日常的に自分の部署で行う共通の取り組み課題）の検討を行う前段階の議論として、先発の改善者の会が言語化した「あきらめ」「無関心」「見ざる・言わざる・聞かざる」という3つの言葉（ウィルス）に着目し、「自分のまわりにあるウィルスの兆候」をテーマとして3時間近くフリーディスカッションが行われた。

私はファシリテーター役としてメンバーのディスカッションをサポートした。このディスカッションの場で、メンバー各々が、マネージャーとして「言うべきことを言う」ができていないという厳しい現実が露呈する。次のstory11はそのstoryである。

story11 キックオフでのディスカッション

01 影山：自分が気になるのは、5S。たとえば受付の台がきたないとか、気になるけど、放置、なれちゃう。

02 上野：そう言われてみると、影山が言うことは気づいている。

03 東大：いまの聞いて、なんとなく思ったのは、自分が直接注意するというのをその場でしないで、隣の課長に言ったりとか。

04 上野：ふーん。直接言わないんだ。

05 東大：うん。もちろん言う場合もありますけど、もしかしたら、そっちの場合が多いかもしれない。

06 私：なるほど。

07 千葉：そうですね、影山さんと近いんですけど、あのー、事務所の電気がついていることと、最近思い浮かべてみると、たぶん7割方は私が閉めています。誰も電気を消さないんで、毎晩気づいているけど言えてない。

08 上野：言えないね。俺も帰る時、自分で閉めてるんだけど。

09 千葉：そうですね。

11 上野：毎回気づいているんだけど、言えてない。

12 千葉：そうです。

13 千葉：それがあの、あきらめなのか、めんどうくさいというか。書類とかがまわってきたときに、不備書類というところをチェックを入れてるつもりなんですけど。それを意識しているときはメールで配信したりしていつまで持ってくるとか話をしてるんですけど、それがいつのまにかなくなっている。また気づいて、あーやんなきゃというのを繰り返しているような。徹底ができていない。

14 上野：僕は、ちょっとあれですね。反省していることがあって。この支社だから（難しい）、この支社だから（厳しい）、という言葉を出していたことを反省している。特性としてこういうエリア特性があるということも言えてない。反省しています。厳しいということが先にとられてしまう。

15 東大：私は、あきらめは、どうせ、うちの組織は‥という考えが働き、無理だとあきらめてしまうことがある。

16 私……客観的な立場からみると、いま組織に蔓延している、あきらめの状態は、みなさんマネージャーのあきらめが投影されているように見えます。みなさんのあきらめが伝染して、皆があきらめている。結果として、言うべきことを言う気もなくなる。というマイナスの循環が起きているのではないでしょうか。もしかしたら、皆さんのあきらめが部下のあきらめを助長している可能性もあるんではないか、そんな気がします。

―メンバーは皆黙ってうなずいた（Note-K12-25）

ディスカッション前半では、影山の受付の台がきたないけど注意しない（01行目）をはじめ、東大の部下への指示を怠る（03行目）、千葉の事務所の電気がついているけど言えない（07行目）など、各々の内容は異なるが「気がついているけど言えていない」ことに関して、率直な意見交換が行われている。

後半に入ると、マネージャーとしてうまくいってない現実の吐露が連続する。千葉は、「書類の処理を後回しにする」と語り（13行目）。上野は「意思決定ができていない」と語り（14行目）、次に東大は組織への交渉は「無理だとあきらめてしまう」（15行目）と語った。東大が交渉をあきらめてしまう背景には、本社に開発職の増員申請を行っても、非営業職の比率を下げる組織の数字方針により、たびたび却下されていたという経緯がある。東大は、数字を稼ぐ営業系に人的資源が投入され、数字を稼がない開発系をコストとして扱う本社方針にかねてから不満を抱いていた。

私は、ここまでのメンバーの語りを聞くなかで、Z支社として革命的なことが起き始めていると感じた。モノローグ組織のなかで、自分の成果を出すことに傾倒し、自分を顧みることをおざなりにしていた人たちが、率直に、素直に、マネージャーとしてうまくいってない現実を赤裸々に語っているからだ。

上野が晒け出す思い――「慚愧」――がメンバー一人一人の心に響き、それぞれが自分について考え始めていると思った。いまここで起きていることだけでも、大きな進歩である。だが、私はその時「それだけでは足りない」と考えていた。

私は、改善者の会が言語化した「あきらめ」「無に関心」「見ざる・言わざる・聞かざる」というモノローグの関係を表象する3つの言葉（ウィルス）に、この挑戦者の会のメンバーも感染しており、むしろ、感染を拡大させる存在となっていることを自覚するべきだと思った。

私は、「いま組織に蔓延している、あきらめの状態は、みなさんマネージャーのあきらめが投影されているように見える」と、私がそこで感じるままの感覚を伝えた。6人目のメンバーとして。この時、メンバー全員が黙ってうなずいていた。

決済書マネジメント

「言うべきことを言う」ができていないという現実が共有された後、チームテーマの検討が行われた。その結果、「決済書マネジメント」なるチームテーマが合意された。決済書とは、契約後の追加経費を申請する稟議書類のことである。決裁書マネジメントとは、安易に追加経費決済を申請する部下に対し、上司が安易に決裁を認めてしまうことを見直す取り組みである。

図表 9-1 SNS日記でのダイアローグ画面

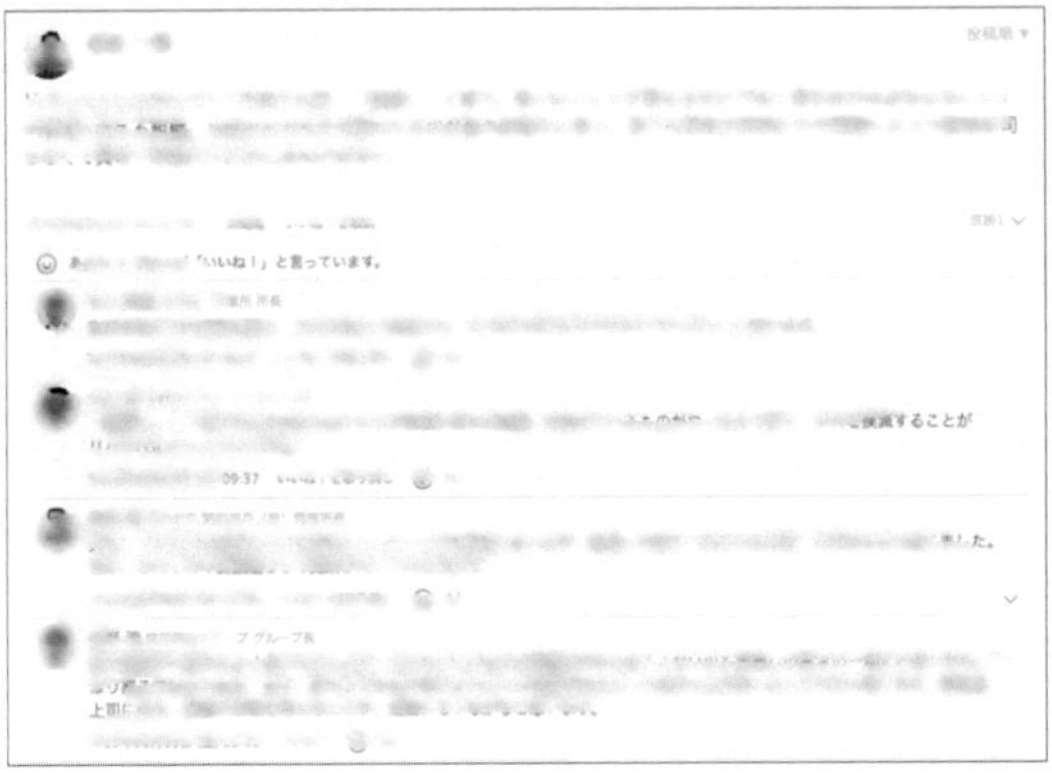

上野によれば、部下だけでなく上司にも、契約時の売上数字を出すことには執拗にこだわる一方で、契約後の追加経費を差し引いた売上粗利の数字を軽視する傾向があると言う。追加経費の申請を上司が安易に決済してしまうため、契約前と契約後の金額ロスを許すことになり、結果として支社の最終利益を下げていると言う。つまり、決裁書マネジメントとは自部署の部下に対して「言うべきことを言う」という、うまくいっていない自分の現実を見直す取り組みである。

SNS日記の導入

最後に、キックオフでは、今後企業向けのSNSサービスを利用して、SNS日記を開始することが告げられた。SNS日記むけに、5人のメンバー各々に日記投稿を行う個別の部屋が作られた。あるメンバーの投稿は他のメンバー全員に通知される。コメント機能による応答、いいね！という意思表示というコミュニケーションが可能である。SNS日記の投稿画面を図

表9-1に示す。

キックオフで、SNS日記の運用ルールとして、次の2点が示された。

①毎日1回「自分のマネジメント」をテーマに投稿すること（投稿ルール）

②メンバーの投稿には必ず返信コメントと〝いいね！〟等のリアクションを入れること（応答ルール）

なお、私はこのSNS日記にオブザーバーとして参加することになった。私は、新規の投稿は行わないが、必要が生じた場合にはコメントしている。

SNS日記の運用ルールは、これ以上少なくすることができない最低限の内容にした。自分の日常について主観的な物語・出来事として振り返ること、および、メンバーの投稿に対して興味・感心を示し、反応を示すこと、何より、上司と部下関係なく平等に行うことは、メンバー間の新しい関係性をつくるために必要不可欠な制約となった。

3 「モノローグの自覚」

キックオフ後に一番早くSNS投稿を行った千葉の応答を見てみよう。

千葉は、管理部長という立場上、支社の利益は自分が守るという責任意識が高く、常々関係部署に対してコスト意識を啓蒙する発信を行なっていた。千葉は「営業がコスト意識を持つようにするためにはどうすれば良いか、いつも考えている」と語っていた。

次のstory13は、コスト意識が希薄と感じられる相談を営業から受け、自分の考えがうまく伝わっていないことに怒りの感覚を持ったという内容である。

story13　千葉の投稿（4／25）

今期厳しい厳しいと言い続けている中で、営業から利益の減少の話や相談等を耳にすると、厳しいと言っているだろ！わかっているのか!!という**怒りの感情が芽生えます**。でも、緊張感を持たせるためにはやむを得ないと考えまだまだグサグサやっていこうと思っております。

上野：本音で語ってくれて嬉しく思います。

影山：厳しい発信の継続（分かるまで続ける）を是非お願いします。その問題に関しては、所属の課長が一緒に同等以上の指導を甘くならずにするべきとも考えます。

千葉は、「怒りの感情が芽生えます」と他者が知らない自己の心理的側面を率直に語っている。そして、「緊張感を持たせるためにはやむを得ないと考えまだまだグサグサやっていこうと思っております」と展望して、今後の自分の新しいふるまいを方向づけている。

これまでの千葉であれば、この事例のような伝達事項の不理解に際し、一方的な言い回しで相手に言いたいことだけ伝えて後追いすることはなかった。しかし、影山が「厳しい発信の継続（分かるまで続ける）を是非お願いします」と語ることからわかるように、「言って終わり」ではなく分かるまで続ける姿勢を見せようとしている。周知徹底すべき事項が適切に伝達されていないという問題を、受け取り側の責任とするのではなく、自分が徹底して解決すべき問題と捉えている。

また、挑戦者の会以前は、数字以外の個人的な側面について他者に開示する場は無かった。数字を出すか出さないかに重要な意味があったため、自己の心理的側面を表出させることはむしろ不要であった。つまり、この千葉の投稿は「本音で語り合いたい」と意思を示した上野への応答であり、ここが本当に本音で語り合える場なのかを見極める意味を持っていたと言えよう。

この千葉の語りに、上野は誰よりも早く応答した。上野は「本音で語ってくれて嬉しく思います」と述べ、キックオフで示した自身の意思（本音で語り合うこと）に、真摯に応答した千葉に謝意を示した。また、チームのナンバー2である影山は、上野の返答の後に千葉の語りを肯定し、さらに継続していく際の具体的なアドバイスをして支援的な態度を示している。

このように、5人のメンバーのなかでトップの上野とナンバー2の影山による肯定的な応答は、このチームで、本当に本音で語り合える関係性（やがて、ダイアローグの関係となっていく）が作られていく可能性を示し、加えて、うまくいっていない現実を自分事として捉えること（やがて、「モノローグの自覚」なる価値体系となっていく）の正統性を示したと説明できる。

このことは、次の東大の投稿とメンバーの応答によってより明瞭になってゆく。

モノローグの自覚

次のstory12は、東大が、キックオフの2日後に投稿したＳＮＳ日記の内容である。東大は、キックオフのフリーディスカッションで「言うべきことを言う」ができていないことを話し合った際の私の言葉＝「指摘」を取り上げ、これまで自分のふるまいの部下へのネガティブな影響について無関心だったと告白している。

story12　東大の投稿

先日のキックオフでは、「自分のあきらめ」が部署内に伝わっている、あきらめを助長しているという「指摘」が一番効きました。確実に言葉にも出てしまっているのだろうと思いました。その事での悪影響を真剣に考えていなかったのも事実です。その話をするのは今後自部署内では一切しないと誓います。

東大は、私の「指摘」がキックオフのディスカッションで「一番効きました」と語り、「確実に言葉にも出てしまっているのだろうと思いました。その事での悪影響を真剣に考えていなかったのも事実です」と極めて率直に反省している。

その事での悪影響とは、東大が日常的に部下の前で、組織に関する「あきらめ」を言葉にすることで、自部署の部下に「言うべきことを言う」以前に、自分が部下の「あきらめ」を助長する存在となっていることである。そして、最後に「その話をするのは今後自部署内では一切しないと誓います」と意思を表明している。東大は、上司としての自分のふるまいの影響に無関心であったこと、すなわち自分と部下とのモノローグの関係を自分の問題として受け止め、その上で、自ら主体的にその関係を変えていきたいという忸怩たる思いを告白している。この東大の語りでは、上野（story10）で指摘された「慚愧」が示されている。

この東大の語りに対してメンバーはどのような反応をしているであろうか。上野は、「部下を鼓舞し本社と戦う…共に頑張ろう」と激励している。影山は、「この会では本音を語るのが良いと思います！」と、本音を語っている東大の行為を承認している。平野は、「我々のつぶやいた些細な言葉がどのように伝わるか。日々意識しないといけないと私自身も気を付けます」と、東大の気づきに共感している。千葉は、「私も同感です。気をつけます」と同意を示している。私は、「東大さんの真摯な宣誓を了解いたしました。ありがとうございます」と、自らの言葉に応答してくれた東大に謝辞を述べている。

東大の告白に対し、表現は異なるが、メンバー各々が肯定的に応答していることがわかる。この後、メンバー各々が、うまくいっていない自分のマネジメントの現実―自分をとりまくモノローグの関係―を捉えなおして自分事として反省し、徐々にではあるが、各々の行動を自律的に変えていくことをふまえれば、キックオフでの上野の語り以降、**自分をとりまくモノローグの関係を自分事として捉え直すことは正しいというコミュニティ独特の価値体系**の萌芽が生じていると指摘できる。ここで指摘された価値体系（太字）を、「モノローグの自覚」と呼ぶ。

「モノローグの自覚」は、キックオフでの上野の赤裸々な告白と本音で語り合うことへの期待を端緒に、安心して自己開示できる場であることが確認され、初期的なダイアローグの関係が生じ顕在化したと考えられる。

すでに述べたように、「慚愧」とは、近い将来の行動変容を方向づける、自分をとりまくモノローグの関係を自分事として捉え直し、それを変えたいという思い（意思）を表象する語りであった。東大の語りから、「慚愧」は、ある人が「モノローグの自覚」に関わる体験を通じて表出させる素朴な私のあり方＝他者との関わり方と確認できる。

次に影山、東大、千葉のSNS日記を見てみよう。それぞれの語りは、関心を向けている点は異なるが、共通して「モノローグの自覚」を表象する新しい行動に関わる語りである。

「やってみる」―心の改善を意識する―

影山は、story14で「決裁書マネジメント」を実施し、部下に対する新しいアプローチを試したことを語っている。

story14　影山の投稿と返信（4／28）

昨日、決裁書マネジメントを実施しました。整合性の問題点を理論的に指摘、圧迫しましたが、真の狙いは心の改善でした。ここはかなり分からせたつもりですので、心変われば行動、習慣変わるに今後期待します。まだ30歳前の変われる年代なので!

上野：やはり係長の役割、影響大と痛感!我々が指導する頃は取り返しがつかないことが多い。係長の立ち位置、存在意義を明確にして復権させたいね。

平野：意識改革。まずは我々の真の意志統一と実行ですね。これが浸透していけば、その先に変革がうまれると信じて、粘り強く取り組みます。

千葉：われわれが能動的に動けば、何かが伝わるはず。私も色々チャレンジします。

東大：決裁で面談形式をやっていないので、私もやってみます。

「整合性の問題点を理論的に指摘、圧迫しました」は、理論的に部下を説得しようとする影山らしさを示している。影山は、主観をストレートに言葉にする千葉や東大とは対照的に、自身を「論理的に人を導いて行く人」と評している。上野は影山を「理屈っぽく、何を考えているかがわかりにくいときもあるけど、俺には真似できない仕組みをつくったりする才能がある人」と評価している。

続く「真の狙いは心の改善でした」は、部下の内的側面に働きかけるような接し方を試したことを示している。影山は、部下の指導において、理論的に説得することを重視して部下の内的側面をそれほど重視していなかった。影山は、今回、部下を説得するだけでなく、部下の心理的側面に関心を向けるよう部下と接する際の行動を変えたのである。千葉の「私も色々チャレンジします」という応答は、影山の語りが、部下とのコミュニケーションのやり方を積極的に変える試みであることを示している。

では、この影山の投稿にメンバーはどんな応答をしているだろうか。まず、上野の応答を見ると、「係長の役割、影響大と痛感」と、係長に対して指導＝「言うべきことを言う」ことは大切であることを強調して影山の行動を承認している。

次に平野の応答を見ると、「意識改革。まずは我々の真の意志統一と実行ですね」と影山の語りをうけて、自分を含めてメンバーが同じ意識を持って行動を変えていくことの必要性を強調している。「その先に変革がうまれると信じて」という言葉は、自分と他のメンバーの日常的な取り組みが組織を変えていくだろうという予感を示している。

また、千葉や東大の応答を見ると「私もチャレンジします」「私もやってみます」と将来的な新しい行動が引き出されていることがわかる。

影山をめぐる対話を通じて、部下とのコミュニケーションのやり方を積極的に変えようと試みることがチーム全体で承認＝正しいとされ、千葉や東大のように「私もチャレンジします」「私もやってみます」と将来的な新しい行動が引き出されていることから、「モノローグの自覚」の兆候を指摘できる。この後のSNS日記で次々と確認される「モノローグの自覚」を表象する新しい行動を「やってみる」と呼ぶ。「やってみる」は、「モノローグの自覚」を、自らのチームで体現するリーダーとしての行為である。

では、東大と千葉にはどんな「やってみる」が認められるのか。まず東大から見てみよう。

「やってみる」―指導不足を反省する―

東大は、次のstory15で部下が提出してきた決済書の不備を見つけて、出し直しを指示したという体験を語っている。

story15 東大の投稿と返信(4/28)

チームテーマに関わる決裁書が今日もいくつか来ていて、直接話して出し直しを指示しました。これまで課長への指導が足りなかったことを痛感しました。一旦戻すと処理が遅くなると思い、電話やメールで不足を確認して、自分で補足コメントや原因の追記等をしていたのですが、それもある意味課長クラスを甘やかして、本来の指導教育ができていなかったと言えると思います。今日も実際に行なったのですが、決裁の金額をあらかじめ千葉部長へ伝えた上で、決裁書を戻して、あるべき決裁書となるように作成し直すことをしていく所存です。

上野：意識が変わると行動が変わりますね。それが部下にジャブのように効いてくると思います。一歩一歩です。

影山：私も金額先行伝達の東大さんパターンを実践します。

平野：決裁書をついためてしまうので、東大さんに習い実践致します。

私：マネジメントの再起動ですね！

東大は、部下が不完全な書類を出したことについて、「これまで課長への指導が足りなかったことを痛感しました」、「それもある意味課長クラスを甘やかして、本来の指導教育ができていなかった」と語り、部下のミスと言える問題を、部下に関心を向け教育してこなかった自分の問題と反省している。この語りは、「モノローグの自覚」を示している。

この東大の語りに他のメンバー全員が応答している。まず上野は「意識が変わると行動が変わりますね」とまず東大の語りを肯定し、さらに「それが部下にジャブのように効いてくると思います。一歩一歩です」と励ましている。また、私も「マネジメントの再起動ですね！」と東大の語りを肯定している。東大は部下との接し方について行動を変え始めていることがわかる。

また、影山と平野は、「私も金額先行伝達の東大さんパターンを実践します」、「決裁書をついためてしまうので、東大さんに習い実践致します」と、東大の語りから将来的な「モノローグの自覚」が引き出されている。次に千葉の投稿を見てみよう。

「やってみる」―とくとくと話をする―

千葉は、次のstory16で、部下に指導を行なったという体験を語っている。管理部として営業担当との接し方をもっと考える必要があることの理解を促進する、という内容である。

story16 千葉の投稿と返信（4／30）

自部署内の話です。昨日、もっと営業の危機意識を高める為に管理部としてどうしたらよいか考えるよう話をしました。来たものをただ受けるだけではなく、融資・保険共に色々考え常日頃から発信、また会話から真剣さを伝え、営業に意識させることが大切と言うことをとくとくと話をしてみました。すこし目の色が変わった気がします。他部署だけでなく、自部署も変えていきます。

上野：本気を見せるためにも言い続けるよう頼みます。私も言います。

影山：責任感の共有化協働化の進化を一緒に目指しましょう。

平野：まずは自部署の足固め。私も肝に命じます。

東大：伝え方は大事ですね。私も工夫してみます。

私……いい流れですね！皆さんの部下は、リーダーが「本気か？真剣か？」を見ているのでしょうね。本気で真剣であることがわかれば、それについてくるものです。たとえ同じことを言っていても、発信者の本気度、真剣度は、伝わるものです。逆もしかり。

千葉の語りで注目したいところは、「とくとくと話をしてみました」である。最初の投稿（story13）で見たように、千葉は、営業職にコスト意識を浸透させることを大きな課題としていた。千葉は、自ら営業担当に直接注意をしたり指導をしたりしていたが、こういった従来のやり方を見直して、部下にその役割を任せるようにした。そして、その際に指示的に伝えるのではなく、相手の理解を確認しながらとくとくと話をしたのである。千葉のとくとくと話をするという行為は、部下に関心を向けるという意識変化を示すものであり、部下との関係の変化を示している。つまり、「モノローグの自覚」である。

千葉は、以上の投稿の2日前に、影山の投稿（story14）で「われわれが能動的に動けば、何かが伝わるはず。私も色々チャレンジします」と応答していた。つまり、この投稿で千葉が語る「やってみる」は、影山に触発されていると解釈できる。

また、「すこし目の色が変わった気がします」ということから、以前のようにただ一方的に言うだけでなく、相手の理解に関心を持つことをより意識しているとも指摘できる。

この千葉の語りに、上野は「頼みます」と依頼し、続けて「私も言います」と意思を示している。上野は、メンバー全体の意識と行動が変わってきていることを理解し、上野も自分も見習おうと思ったと思われる。

また、影山、平野、東大についても「一緒に目指しましょう」、「私も肝に命じます」、「私も工夫してみます」と、千葉の語りに同意を示しつつ、「私も」と将来的な行動が引き出されている。ここでも、「モノローグの自覚」が指摘できる。

シェアド・リーダーシップの兆候

影山、東大、千葉は共通して、「やってみる」体験を語り、それに触発され他のメンバーの「やってみる」が引き出されている。「やってみる」→語り→「やってみる」という循環から、チームの関係構築――「モノローグの自覚」をつくり合う――が進行している。

すでに述べたように「やってみる」は、「モノローグの自覚」を体現するリーダーとしての行為である。ゆえに、それぞれの「やってみる」がチームの意味――「モノローグの自覚」――を強化し、体験の語り合いを通じてチームの関係が進展するプロセスとしてリーダーの役割が共有されていくと考えられる。

ここまでに見えてきたチーム・レベルの変化は、関係的主導／シェアド・リーダーシップ発生の初期

図表 9-2　シェアド・リーダーシップ発生の構図

的な兆候である。関係的主導とは、人々がダイアローグの関係を構築していくプロセスを通じてコミュニティの価値体系を作り合い、作られた価値体系に従って行動を変えていくコミュニティ・レベルの能力である。

　注目したい点は、「モノローグの自覚」とダイアローグの関係の相即的な変化に合わせて、リーダーとしての関係変化とチームの関係変化というベクトルの異なる2つの関係変化が同時並行的に進行していることである。前者を「タテの変化」、後者を「ヨコの変化」と呼ぶ。

　「タテの変化」について、SNS日記で部下との上司部下関係をテーマに体験をただ語るだけでなく、自部署のチーム・リーダーとして、部下と向き合う際の考えや行動―モノローグの関係―を見直し、自部署の部下に対して「やってみる」を試行している。この「やってみる」行為が「モノローグの自覚」を強化し、自部署チームのタテの関係―リーダーがフォロワーに影響を与える垂直方向の関係―に影響を与えている。

他方、「ヨコの変化」について、「やってみる」を語る他のメンバーを承認・肯定する行為によって、「モノローグの自覚」を強化するダイアローグの関係構築を進展させている。この変化は、ヨコの関係―チーム・メンバー間の水平方向の相互関係―に影響を与えている。

「タテの変化」と「ヨコの変化」という異なるベクトルの変化が複雑に絡み合いながら、リーダーの役割が共有されていくプロセスで関係的主導すなわちシェアド・リーダーシップが発生すると考えられる。いま述べたシェアド・リーダーシップ発生の構図を図表9-2に示す。

ここまでの変化の兆候からシェアド・リーダーシップ発生の構図が見えてきた。無論のことながら、わずかな兆候だけで、それらの発生を語ることはできないが、この後、「モノローグの自覚」とダイアローグの関係の相即的な変化と、これにともなう「タテの変化」と「ヨコの変化」から、シェアド・リーダーシップ発生プロセスを追跡していきたい。

4 「慚愧」の共鳴

上野を含めたメンバーそれぞれの行動は本当に変化しているのか。「モノローグの自覚」とダイアローグの関係はどのように進展していくのか。本節では、チームで芽生えつつある変化と、上野のふるまいのズレ＝矛盾が露呈し、チームに揺らぎが生じる。

ここまで、上野は、自分のことを語るよりも、他のメンバーが本音で語ることができるダイアローグの場づくりを優先していた。上野の投稿に目を向けると、直前の千葉の投稿（story16）まで5回投稿をしているが、その内容は、⑴ＳＮＳでの対話について、⑵叱ると怒るの違いについて、⑶課長層を教育する必要性について、⑷業務連絡、⑸ＣＳを向上させるためのアイデアを募ることについてと、もっぱら自分の体験ではなく、部下であるメンバーへの指導、業務に関わる通知・連絡であった。

もっとも、同じ幹部でありながらお互いのことをよく知らない状態からＳＮＳ日記で行う対話を軌道に乗せるため、上野は挑戦者の会のオーナーとしてメンバーが対話する環境づくりをし、自己開示するメンバーを承認したり、励ましたりする必要があった。

このような、上司である上野の支援的な態度が４人のメンバーの自由な発言と行動を担保し、対話の関係づくりおよび「モノローグの自覚」の生起に貢献したと指摘できる。

一方で、上野は、キックオフ以来、自分のことを語っていない。これでは5人の対話の関係性が対等であるとは言えない。この後示す上野をめぐる2つの投稿では、上野自身の「言うべきことを言う」ができていない現実が露呈する。しかし、この矛盾と揺らぎの発生により、むしろそこから回復していくプロセスからチームの関係性が進展していく。

矛盾と揺らぎ 1

上野は、4月29日のSNS日記でクレーム処理に関する体験（上野への報告不足によりクレームがより問題化したこと）を語っている。この投稿で、わかっていても実際はうまくいかない上司の現実—部下に対するモノローグの関係—がメンバーに晒される。なお、クレームに関する具体的な内容については分析に不要であるため全て割愛する。

story17 上野の投稿と返信

平野—本日メールの処理に何時間かかったか？今の情報量を処理するだけで大変な時間がかかる。何か効率を上げる仕組みにしたいですね。

上野ー本日は最近舞い込んできたクレーム対応に行ってきた・・ミスしたことより、その後どう対処したかが大切なはずなのに感性が鈍すぎる。こういうクレームは以前もあった、出来ないで突っぱねた結果が現状です。

01
私・・・素直に迅速に報告と相談を上げられる仕組み。素直に迅速に報告と相談を受け止められるマネジメントが必要です。つまり、問いを変えてみる必要があります。なぜ、彼らは報告をあげないのか?から、我々の何が、彼らに報告をあげさせないようにせしめているのか?へ。

02
影山：最上さんのコメントが問題の本質かもしれません。また個人的な問題でなく、報連相が一定の箇所で止まっている可能性（係長、課長、所長？）もあるかも?と考えます。

03
平野：影山部長がおっしゃるように、個人で止まっていたら解決できないですね。情報の吸い上げができる組織の仕組みを考えたいです。

04
千葉：このようなことも、事例水平展開が必要ですね。ただそれだけでなく、最上さんがおっしゃることをもっと考えなければなりませんね。個人的には、本社に対し、問題を言うタイミングを図る（なかなか言わない）のと、心理的には似ている部分もあるのかと思いました。

05
東大：千葉さん指摘の心理的なものはよくわかります。何が報告をあげさせないようにしているか」、自問自答してみます。

―――

上野は、「ミスしたことより、その後どう対処したかが大切なはず」と、クレーム発覚後のクレーム処理の当事者（担当者だけでなく担当者の上司）の不手際を問題視している。そして、「こういうクレームは以前もあった、出来ないで突っぱねた結果が現状です」と、権威的な言葉で言い切っている。上野が語る内容から、クレームに関わる担当者の対処ミスおよび担当者の上司の判断ミスがあったことはほぼ間違いないと思われるが、部下が上野に萎縮してクレーム報告・相談を躊躇した可能性が十分あり得るが、上野の語りには、自分と部下との関係性を捉え直す態度は見出せない。「感性が鈍過ぎる」という権威的な言葉が示すように、上野の語りはチームに芽生えつつある「モノローグの自覚」と矛盾している。

上野の語りを見て、私（01行目）は、「問いを変えてみる必要があります。なぜ、彼らは報告をあげないのか？から、我々の何が、彼らに報告をあげさせないようにせしめているのか？へ」と、メンバー全員に向けて問いかけた。

上野の語りに、私は猛烈な違和感を感じた。上野の言葉で、芽生えつつあるチームの関係性が崩れてしまうような感覚を持った。このメンバーのなかで一番変わるべき人は上野である。上野が変わらなければ、チームの活動は形骸化してしまうだろうと予感した。

一方、ここで私が割り込むことは、メンバー同士の自由な対話に水を差すことにもなりうる。また、上野の言葉への否定として理解される可能性もあった。このようなリスクを鑑みれば、ここで言わずに見過ごそうという考えが全くなかったわけではない。しかし、ここで違和感に気づいた私が「言うべきことを言う」を遂行しなければ、変化を退けて元に戻る力―成果主義による狭窄―に負けてしまうことになると考えた。ここでメンバー5人に対して「言うべきことを言う」ことが、6人目のメンバーとしての責任なのではないかと思った。

その後の、メンバーの応答に注目してみよう。まず、影山（02行目）は「最上さんのコメントが問題の本質かもしれません」と、私の意見に同意を示し、さらにこのクレームはある一人の問題ではなく報告の連携の問題という自分なりの考えを示した。もしも、チームでナンバー2の影山が上野への従属を重視するならば、私の言葉を看過して上野の言葉に同意を示したり、上野の言葉を反復したりすると思われる。この影山の応答は、続くメンバーの応答に少なからず影響を与えたと考えられる。

続く平野は、影山の主張に同意を示し、その解決策として組織の仕組みを考えたいという考えを示し、千葉は、まず上野の語りへの理解を示した後、「最上さんがおっしゃることをもっと考えなければなりませんね」と考えを示し、さらに報告が上がらない心理について個人的な経験を語った。「個人的には、本社に対し、問題を言うタイミングを図る（なかなか言わない）のと、心理的には似ている部分もあるのかと思いました」は、部下が上司に萎縮していうべきことが言えない従来的なモノローグの関係の例えになっている。つまり、千葉は自分の部署でも同じことが起きているのではないかと考えている。最後に東大は、まず千葉の語る心理について感覚的に同意を示し、私の「問いかけ」を受け止めて自問自答するという考えを示した。

以上では、数字以外のことにこだわろうとしても、日常的な現場ではなかなかうまくいかないというマネージャーの現実が共有されたという説明が可能である。それぞれのメンバーが、自分はこうするという意思を表明し、東大や千葉については、自分に重ねて理解しようとしている。

この対話では、上野の語りが、私の問いかけを引き出し、その応答としてメンバーそれぞれが自分の考えを述べることで、チーム全体で、従来の部下との一方通行の関係性を問い直すことの意味を再確認している。

上野の語りは「モノローグの自覚」に矛盾した語りとなっていたが、私はもちろん他のメンバーも決して上野を疎外することなく、上野が晒した上司としてうまくいかない姿を自分にも当てはまることであると捉えている。そのようなメンバーの応答に対して、上野は反発したり、否定したりしないことで、チームの暗黙的な合意を受け入れている。つまり、上野をめぐる対話を通じて、チーム全体で「モノローグの自覚」を再確認したと指摘できる。

一見、チームはまとまってきたように見えるかもしれない。しかし、この投稿で指摘された矛盾は次に見る平野の投稿でも生じる。

矛盾と揺らぎ2

ＳＮＳ日記を開始して2週間が経過する頃、平野の投稿（5／2）に対する上野の不用意な言葉（応答）により、対話の関係が再び揺らぐ事態が発生する。次のstory18は、平野の投稿をきっかけに進行する会話である。

story18 平野の投稿と返信（5／2）

平野ー本日メールの処理に何時間かかったか？今の情報量を処理するだけで大変な時間がかかる。何か効率を上げる仕組みにしたいですね。

01 上野：ｉＰａｄで見ることが出来れば言うことありません。

02 影山：次回の変更で全て体系化をしたく思います⇓進言します。

03 東大：メールにしろ掲示板にしろ空いた時間で確認できるｉＰａｄは有効です。やはり開発にも必要だと思います。

04 千葉：メールが多いのは仕方ないと思ってしまう事がまず危険ですね。効率化賛成です。

05 平野：前向きな意見、何ができるかの議論が今こそ必要だと思います。我々に必要なことは最終的に組織を良くすることですよね。我々がここで真剣に語り合わなければ、これまでと変わりないです。

06 上野：受信箱に集まるメールを振り分けるだけで時間の節約が出来ますよ。またメールは一斉発信↓開封確認など確実性の高さなどのいいところもありますね。いずれにしても、一方通行とならぬよう発信側の丁寧さとしつこさが求められます。

平野の「本日メールの処理に何時間かかったか?」は、自分の処理すべき膨大なメールに辟易としたことを示している。その後、「何か効率を上げる仕組みにしたいですね」と問題提起しているが、上野は「iPadで見ることが出来れば言うことはありません」と言い切る形で応答している。平野は仕組みについて考えたいと示唆しているが、上野は「iPadで見ることが出来れば言うことありません」と示唆を退け、平野の問題提起を看過（無視）している。この一方的な態度は、従来的な上司と部下のモノローグの関係を示している。また、上野が、次のstory19のように、この投稿前日にメンバーに向けて語った内容とも齟齬が認められる。

story19 上野の投稿（5／1）

このSNSの場はしっかりと自分の意見、打ち手などを明確に記すべき場とすべきだ。全体的に総花的で遠慮が見える。客観的な感想で終わる場面が多い。正確かどうか？実行できることか？は問わないから、感じたこと・見たこと・聞いたこと・知ったことに対して大いに『持論』を語ってもらいたい。そういうコメントの交換がテーブルを囲まなくても議論できるSNSのいいとこだと思う。『遠慮』が我々のウィルスの正体ではないか。『良識的』とは違うはずだ。

上野は、チームの対話の関係をより進展させていくために「持論を語ってほしい」とメンバーに要請した。しかし、story18で、上野はそれと相反する態度を示してしまった。おそらく、上野自身に否定するつもりはなかったと思われる、しかしなにげない会話のなかで使われた言葉に従来的なモノローグの関係が表出した。つまり、上野についてここでも「モノローグの自覚」への矛盾が指摘される。

上野の語りは、平野に対して否定的であるばかりか、メンバーと対話により形をみせつつある「モノローグの自覚」に対して否定的でもあった。したがって、このまま対話が終了すれば、フラットな対話の関係性が崩れ、上野vs.メンバーという対立の構図―モノローグの関係―に戻る危険性もあった。しかし、ここで対話は終了しなかった。

影山・東大・千葉の3人は、各々主張の内容は異なるが、平野の問題提起に関心を向ける態度を示した。まず、影山（02行目）は、「次回の変更で全て体系化をしたく思います⇓進言します」と、平野への応答として、解決策を提案する意思を示した。影山は、部下である平野に関心を向けていることがわかる。

次に、東大（03行目）は「メールにしろ掲示板にしろ空いた時間で確認できるｉＰａｄは有効です」と、前置き的に平野と上野に肯定的な態度を示し、次に開発にもｉＰａｄが必要であるという意思を示した。東大は、かねてから、ｉＰａｄは営業職全員に支給されているが、開発職は支給されていないという不公平な状況が問題であると語っていた。東大は、自分の職責を果たすためここで言うべきことを言っている。

次に、千葉（04行目）は「メールが多いのは仕方ないと思ってしまう事がまず危険ですね。効率化賛成です」と、賛成する意思を示している。影山・東大・千葉の3人は、各々主張の内容は異なるが、平野の問題提起に対して関心を向け、自分の意思を率直に語っている。まるで上野の言葉により揺らいだフラットな対話の関係性を復元しようとする力学が作用しているように見える。

すると、ここで平野が再び応答する（06行目）。ＳＮＳのルール上はここで平野が再度応答する必要はない。しかし、影山・東大・千葉の応答によって取り戻されたフラットな対話の関係性を支えにして、平野に自分の意思を表明する機会が生じたと考えられる。平野の語りを再掲する。

06 平野：前向きな意見、何ができるかの議論が今こそ必要だと思います。マイナスを正す事は必須。でも、我々に必要なことは最終的に組織を良くすることですよね。我々がここで真剣に議論しなければ、これまでと変わりないです。

06行目で平野は「真剣に議論を交わすことが必要（できていない）」と応答している。この応答は、フラットな立場で対話を継続しようとする影山・東大・千葉への応答である。注目したい点は「**我々**」である。平野は、我々という主語を用いている。平野は、この会話で表面化した問題を、我々の問題として扱い、ここで上野が露呈させた問題＝モノローグの関係を、他人事ではなく我々に該当する問題＝自分事と意味付けている。

平野に対して否定的な態度を示す上野に対し、平野は反論したり不満を言うこともできたであろう。しかし、平野は、05行目のように上司である上野を含めた我々を諌めるように語った。

平野は、フラットな対話の関係を取り戻そうとする影山・東大・千葉に支えられ、たとえ上司であっても「言うべきことを言う」という行動（諫言）をとった。平野の行動（諫言）＝「言うべきことを言う」は、外形的には間違いなく平野の行為であるが、ダイアローグ概念の観点から見れば、この行為は影山・東大・千葉への応答であり、上野のキックオフ時の語りへの応答でもある。さらに、この対話（story18）だけでなく、キックオフ以来メンバーと積み上げてきたチームで共有する「モノローグの自覚」が、平野の行為として表出したと説明できる。

「モノローグの自覚」に照らし、上野のふるまいはチームのなかで異質であった。異質の存在はチームに矛盾や混乱をもたらすが、チームは異質を排除せず、対峙すること＝対話を選択した。この後詳しく見ていくことになるが、このstory18の対話の後、各メンバーの行動が変わり―自分をとりまくモノローグの関係を見直す―リーダーとしての関係性が変化していくことを考慮すれば、「モノローグの自覚」に対する矛盾から復元していく対話のプロセスにより「モノローグの自覚」の意味が強化され、またメンバー間の対話の関係性＝ダイアローグの関係が進展すると説明できる。

story18の対話がそうであるように、異質を生み出す私とあなたがお互いに私とあなたのことを考え向き合うことがダイアローグの関係性である。第8章で見た従来のZ支社の人間関係がそうであったように、チームが作り出した矛盾や混乱を、他人事にして一方的に解決し、自分には関係ないと無関心を決め込むことが、モノローグの関係性である。

「モノローグの自覚」の強化

平野は、上野に対し諫言するという新しい経験をした。メンバーとの対話の関係が下支えとする体験を通じて、平野は、上野と自分のうまくいかない―モノローグの関係に関わる―問題は、他人事ではなく我々の問題であると気づかされた。上野の不用意な言葉は、チームが取り組むべき本質的な問題を照射していた。その問題とは、日常的実践に根強く残る上司と部下のモノローグの関係である。

ここで、この体験翌日の平野のＳＮＳ日記に視線を向けてみよう。次のstory20は、平野の５月３日の投稿である。

story20 翌日の平野投稿（５／３）

今後進めていく上で、問題となること、やるべきことを具体的に行動に移すことが大切だと思います。このチームが一枚岩になれば、根幹が変わることは間違いないですし、我々が変われば支社全体も変わる、伝わるものだと信じています。一気にはいかないと思いますが、少しの流れが大河になるよう一つ一つ積み上げていきたいと思います。

東大：続けましょう。我々が変わる、我々が行動を示せば組織の大きな流れも作り出せると思います。

千葉：やり続けることですね。おっしゃるように、いまはとにかく行動するのみと思います。

平野は、前日の対話を通じて、上野の一方的な応答を端緒に表面化した問題を、他人事ではなく我々（私たち）に該当する問題と意味付けた。そして、言うべきことを言い合う関係を、今後もメンバー５人が続けていけば、支社全体が変わることを予感した。平野は、「我々が変われば支社全体も変わる、伝わるものだと信じています」と、「変わる」という言葉を3回繰り返している。

加えて、「一気にはいかないと思いますが、少しの流れが大河になるよう一つ一つ積み上げていきたいと思います」と、組織を変えたいという切実な思いを吐露している。これは「慚愧」の表明である。平野は、挑戦者のこれまでの投稿では、今回のように自分の意思を赤裸々に表出させることは無かった。

一方、東大や千葉についても、上野が従来的な上司部下の関係―モノローグの関係―を晒す姿を見て、自分も同様に部下に行っている姿を重ねたのではないだろうか。彼らも、それぞれに試行錯誤をしながら、自らの行動を変える試みを行なってきたが、それは言うほど簡単でないことを経験している。つまり、上野をめぐる今回の出来事は、他人事ではなかった。


story20に見られる平野に対する東大の「続けましょう」、千葉の「やり続けることですね」という応答は、対話を通じてチームが獲得した「モノローグの自覚」の追認であり、うまくいかなくても不断の努力を続けていこうという意思の表明と理解できる。

平野をめぐるstory20の対話を見れば、「モノローグの自覚」への矛盾によりチームが混乱し不安定な状態となったが、そこから復元していくダイアローグのプロセスで一人一人にとっての「モノローグの自覚」の意味が強化され、同時にメンバー間の共同意識が向上していると説明できる。

「慚愧」の共鳴

平野はメンバーとの対話を通じて、自らが変わることへの切実な思い――「慚愧」――を表出させた。では、上野はどうだろうか。ここでもう一度、story17の上野の最後の応答に視線を戻してみたい。上野は平野の諫言（06行目）の後、次のように応答（07行目）している。

07 上野：受信箱に集まるメールを振り分けるだけで時間の節約が出来ますよ。またメールは一斉発信↓
開封確認など確実性の高さなどのいいところもありますね。いずれにしても、一方通行とならぬよう発信側の丁寧さとしつこさが求められます。

上野は平野に対し、「できますよ」「ありますね」「求められます」と、提案的な言葉を用いている。権威的な立場からではなく、フラットな立場で応答している。従来的な上司部下の関係であれば、上司に物申す部下に対し権威的に言い返す可能性もあったであろう。しかし、ここで上野が権威的にふるまえば、メンバーが復元したフラットな対話の関係を再度崩壊させてしまう危険性があった。上野は、「モノローグの自覚」を共有する者として、それを否定することはできなかった。そして、上野は、本来伝えたかった自分の思いを次のように語っている。

［いずれにしても、一方通行とならぬよう発信側の丁寧さとしつこさが求められます］

この言葉は、平野に向けた言葉でもあるが、次に見る上野の2日後のSNS投稿（story21）から、率先垂範するべき立場でありながら部下に対して自分の意思を率直に示すことができていない自分を受け入れる態度でもあると理解できる。

story21 上野の投稿と返信（5／4）

指導力＝覚悟だと考える。会津に『ならぬものはならぬ』という言葉があるように「一切の言い訳無用」がまず一番になくてはならない。管理者が妥協するようでは我々の思いが部下に伝わるわけがない。悲しいかな、まだまだ覚悟が足りない。覚悟を持って臨んで欲しい。

東大：覚悟を持って臨む、肝に命じます。

影山：覚悟＝責任力とも捉え、あきらめず、活動します。

平野：私も一段上の「覚悟」を目指します。

千葉：覚悟を貫く、信じて任せることだと思います。維持が難しいときもありますが、この会のメンバーで乗り

越えて行きたいと思います。

私……言うも覚悟、行うも覚悟、続けるも覚悟、ですね！

「悲しいかな、まだまだ覚悟が足りない」という語りは、部下を指導すべき上司でありながらうまくいかない姿を晒す、それを繰り返すという苦々しい体験を振り返り、自らの不甲斐なさを痛感しながら、それでも諦めずに続けていくしかないという悲痛な思いを示している。すなわち「慚愧」の表明である。

この「慚愧」は、自らの言葉である「いずれにしても、一方通行とならぬよう発信側の丁寧さとしつこさが求められます」(story17)への応答であり、平野が表出させた「慚愧」および、続けていくという思いを語る千葉や東大への応答でもあると思われる。

上野は、ここまでの対話を通じて、メンバーそれぞれの「変化」への真摯な思い＝「慚愧」を感じ取った。そういった、いまの自分を変えたいと切望するメンバーの思いを感じ取り、「自分こそ変わるべきだ」と気づき、「悲しいかな、まだまだ覚悟が足りない」という言葉で「慚愧」を表出させた。

このように、「モノローグの自覚」を共有するチームにおいて、**一方の「慚愧」に連鎖してもう一方の「慚愧」が引き出される関係を「慚愧」の共鳴と呼ぶ。**

上野の「慚愧」は、これまでチームで作りあってきた「モノローグの自覚」が「覚悟」という言葉として表出した思いである。すなわち、メンバーそれぞれのうまくいかない苦々しい経験が紐づいた一人一人の思いを表象している。ゆえに、上野の「覚悟」という言葉は、全てのメンバーにとって、「他人事とは思えない思い」として理解される。４人のメンバーの応答を見ると、それぞれが、上野の用いた「覚悟」という言葉を用いて、いま行なっている実践を続けていきたいという思いを語っている。

たとえば、東大は「覚悟を持って臨む、肝に命じます」と応答した。しみじみと自身の覚悟を語る上野の姿を、story12やstory15で確認したような、自分の部下に適切な指導を怠ってきた自分（東大）の姿と重ねていると思われる。東大の応答は、上野の「慚愧」に共鳴し、自分が日常的に関わる部下とあきらめずに向き合っていく覚悟を示している。

影山は、「覚悟＝責任力とも捉え、あきらめず、活動します」と応答した。上野の「慚愧」に共鳴し、覚悟という言葉を再解釈し、自分事として捉え、あきらめず活動を続けることを主体的に宣言している。

平野は、「私も一段上の「覚悟」を目指します」と応答している。平野が素直に自分の気持ちを打ち明けて「慚愧」を表明できた理由は、「上野が変わるならば、自分も変わらなければいけない」と感覚したからである。平野にとって、上野が言葉にした「覚悟」は自分の「覚悟」でもある。「慚愧」の共鳴により、「自分が変わる」という覚悟が改めて示されたと考えられる。

千葉は、「覚悟を貫く、信じて任せることだと思います」と応答した。千葉は、覚悟という言葉を「信じて任せること」と解釈している。上野の「慚愧」に共鳴し、自分の至らなさに気づき、もっと部下を信用する必要があると感覚したと思われる。

いま述べた4人のメンバーの応答より、それぞれが自分の「覚悟」として語っていることがわかる。「モノローグの自覚」を共有する「あなたが覚悟を示す（変化する）ならば私も覚悟を示す（変化する）」という「慚愧」の共鳴が生じている。ダイアローグ概念に依拠すれば、「慚愧」の共鳴は、ダイアローグを通じて、双方向に「やってみる」を引き出し合う関係である。

証拠は十分ではないが、キックオフ以後のメンバー（影山・東大・千葉）の「やってみる」の発生は、キックオフ時の上野が表出させた「慚愧」への共鳴であったとも言える。また、この後見るように、メンバーそれぞれが「やってみる」を展開していることも含め考えれば、「慚愧」の共鳴によりリーダーとフォロワー間の「タテの変化」が生じていると思われる。「タテの変化」を示す典型的な例として、次に千葉のSNS日記を見ていこう。

シェアド・リーダーシップの鮮明化

次のstory22で千葉は、千葉がダイレクトに関係部署の担当者にメールでアナウンスすることについて、自部署のメンバーから諌められたという体験を語っている。

story22 千葉の投稿と返信（5／18）

千葉―最近、発信について、**私が送りすぎるのもどうかということがありました。まずは自分たちでやってみて、だめなら課長が、それでもだめなら私がと言う事をしないで、はじめから私が送っては、それが慣れになり、あまり感じなくなる、自分たちでやらないとだめと**、課長と担当が話していたと聞きました。あくまで私が送るのは最後通達だと。これはこたえました。大反省です。以後、もっと部下を信用して任せるよう考えを変えていきたいと思います。

上野：いい話ですね。仕事に前向きな良い組織になりました。自部署に対する営業の対応が変わり始めていることにモチベーションを感じているように見えます。さらなる環境整備に期待します。

影山：主体性の現地化が進んだ事例と思います！

平野：千葉さんの発信、上司の発言から気付き、自発的に部下が動き始めている。とてもいい動きですね。

東大：自分の行動から部下が良い方向へ変わって行っていると、前向きに捉えれば良いと思います。

千葉は、太字のようにメンバーから諌められたことを深く反省し、もっと部下を信用して任せたいと語っている。この千葉の語りに対するメンバーの応答を見ると、たとえば、上野は［仕事に前向きな良い組織になりました］、影山は［主体性の現地化が進んだ事例］、平野は［とてもいい動きです、上司の発言から気付き、自発的に部下が動き始めている］、東大は［自分の行動から部下が良い方向へ変わっていると、前向きに捉えれば良いと思います］と応答している。これを見れば、千葉をリーダーとするチームで、千葉がメンバーに対するふるまいを変化させたことで、部下のふるまいも変化していること—「タテの変化」—は明らかである。

「タテの変化」について注目したい点は、太字部から読み取れるように、部下が「発信」に関する問題を自分事として認識し、千葉に対して諫言した点である。つまり、問題解決に向けて、部下が主体的に上司である千葉に「言うべきことを言う」を実行している。この部下の行為から、チーム内でのコミュニケーションが一方的ではなく相互的であることがわかる。加えて、千葉をリーダーとするチームでは「モノローグの自覚」が生じていることも理解できる。

千葉はいまだ根強く残る自分と部下のモノローグの関係を問題視している。千葉は、部下との対話を通じて部下を信用していなかったという現実—モノローグの関係—に気づかされた。千葉は「覚悟」を語る上野への応答で「覚悟を貫く、信じて任せることだと思います」と語っていた(story21)。［以後、もっと部下を信用して任せるよう考えを変えていきたいと思います］という語りは、「モノローグの自覚」を絶対的なルールとしていまの実践—「やってみる」—を続けていくという「慚愧」を示している。

この千葉の語りに他のメンバーが承認・肯定する行為によって、このチームにおいて「モノローグの自覚」に依拠して「やってみる」行為の正統性がさらに強化され、「モノローグの自覚」を共有する仲間としての共同意識が高まっていると考えられる。つまり、千葉をめぐる対話を通じて「ヨコの変化」がさらに進展している。

千葉の語りより、「やってみる」に次の2点の特徴が指摘できる。この特徴は、すでに述べた影山（story14）、東大（story15）、千葉（story15）の語る「やってみる」とも符号する。

① 独自的であること
② 自律的であること

第1について、たとえば「部下を信用する」はリーダーが語る内容として平凡でありふれたものに映るかもしれない。しかし、千葉にとって「部下を信用する」は、千葉の経験と結びついた言葉以上の特別な意味を持っている。独自的という特徴は、影山の心の改善を意識する、東大の指導不足を反省するにも見られ、また、千葉のとくとくと話すもしかりである。

「慚愧」の共鳴により引き出される「やってみる」は、チームメンバーが同じような振る舞いを行うことではない。均質ではなく多様な考えを許容し、それぞれの意思を尊重し主張できるフラットな関係性から、リーダーとしての「やってみる」が引き出されると考えられる。

第2について、「やってみる」は、誰かからの命令や指示ではなく、自らの意志による自律的な行動である。「慚愧」の共鳴は、「モノローグの自覚」を共有する仲間の「あの人がやるなら私もやる」という思いの連鎖である。ゆえに、「やってみる」とは、やらされるではなく、文字通り、やってみたいと思ったことを自らの意思でそれぞれが自律的に行うことである。

5 シェアド・リーダーシップの発生

「タテの変化」と「ヨコの変化」が進展し、独自的かつ自律的という特徴を有する「やってみる」がチーム全体で展開―リーダーの役割の共有―することでシェアド・リーダーシップの発生が認められるようになる。シェアド・リーダーシップの発生は次に示すチームの関係性として説明できる。

① あなたが変わるならば私も変わる
② 互いの「やってみる」を承認しあう
③ 言うべきことを言い合う
④ 多声的なチーム

あなたが変わるならば私も変わる

挑戦者の会が発足してちょうど1ヶ月が経過する頃、私は上野に活動指針を作ってはどうかと提案した。チャレンジ活動の全社展開の検討を開始する前に、ここで「チャレンジ活動という取り組みは何を目的とするのか」を明確にしておく必要があると考えたからである。

私の提案を受け、上野は次のstory23のように「チャレンジ憲章」を試案した。

story23 「チャレンジ憲章」

我々Z支店全社員は、顧客満足No1支社を目指して新しく生まれ変わる。

・我々は、心から深く仲間を信頼し、真に一丸となってあきらめずに進んでいるか。

・我々は、お客様に感動を与えることを約束し、一人一人が責任を果たしているか。

上野は、上野自身の言葉で挑戦者の会での体験を言語化した。短い文章であるが、いまの仕事を問い直す姿勢、仲間と一緒に進む姿勢、職責を果たす姿勢などが表現されている。上野によれば、次の3点についてこだわったと言う。第1に文言について、これを見る人が自分で考えて行動ができるよう問いかけの形式にすることにした。第2にチームの拠り所になり、判断に迷った時に戻れる場所になるように作った。第3に「あきらめ」「無関心」「見ざる・言わざる・聞かざる」というウィルスの対極となる言葉を埋め込んだ。

5月22日に挑戦者の会の第4回ミーティング（対面形式）が行われた。このミーティング内で「チャレンジ憲章」が上野から提案され、文面と運用方法の検討が行われた。文面は上野試案のまま（story23の内容で）採用された。上野によれば、チャレンジ活動の核心は「新しく生まれ変わる」ことであると言う。これについて、上野がメンバーと語り合っている場面の次のstory24を見てみよう。

story24 「チャレンジ憲章」検討時の会話（5／22）

01 上野：ただ、まあ俺としては、チャレンジ活動ってのは、なんか、こっ恥ずかしいけど、新しく生まれ変わるってことが大事なんだよね。（笑い）

02 全員：（笑い）

03 私：…生まれ変わるというところが、とても大事なわけですね。

04 千葉：それがチャレンジ活動じゃないかな、という気がするんですよ。
05 私　：うん。だから現状維持ではないわけですよね。
06 東大：hhhそうです。新しく生まれ変わるんですよチャレンジ活動は。（笑い）
07 平野：俺、うまれ変われるかな〜。（笑い）
08 全員：（笑い）
09 私　：支社方針とむすびついてくれば、チャレンジ活動の正統性が増しますね。
10 影山：そうそう。

上野は、01行目で、「こっ恥ずかしいけど、新しく生まれ変わるってことが大事なんだよね」と語る。上野は、ここまで継続してきたチーム・メンバーとの対話を通じて、度々うまくいかない姿をメンバーに晒してきた。チャレンジ憲章の文言「新しく生まれ変わる」という言葉は、自分を変えたいと思っても思うように変われないが、それでも諦めずに続けていくという上野の忸怩たる思い＝「慚愧」を表象している。

すると、一同は笑った（02行目）。私も笑いながら「生まれ変わるというところが、とても大事なわけですね」と言うと、千葉（04行目）は「それがチャレンジ活動じゃないかな」と、自分の体験のように応えた。続く東大（05行目）も同様に応えた。続けて、平野（06行目）は、「俺、うまれ変われるかな～」と戯けた口調で語り、それをうけて一同の笑いはさらに強くなった（07行目）。

この対話では、それぞれが「モノローグの自覚」に照し不完全な存在であることを素直に認め、それを笑いあいながら開示できる関係が認められる。挑戦者の会のメンバーは、キックオフ以来もっぱら緊張感ある対話を継続してきた。ここでの一同の笑いは、同じ体験を積み重ねてきた仲間としての共同意識を示している。

混乱と復元を繰り返すダイアローグを継続することで、メンバー間の関係は、単に承認したり肯定し合う関係、つまり馴れ合ったり忖度したり遠慮したりする関係ではなく、お互いに相手と異なる自分の意思をぶつけ合う緊張感を持ったダイアローグの関係へと発展―「ヨコの変化」―している。

上野が語る「新しく生まれ変わる」という言葉は、上野が発した言葉であるが、上野とメンバーとの関係性が表象されている。そうであるがゆえに、上野の言葉は、全てのメンバーにとって「他人事とは思えない思い」として理解される。つまり、「モノローグの自覚」を共有する仲間でありリーダーでもある「あなたが変わるならば私も変わる」というチームの関係＝「慚愧」の共鳴がここでも生じている。このチームの関係性から、シェアド・リーダーシップの発生が指摘できる。

互いの「やってみる」を承認しあう

以下は、第4回ミーティングの2日後、5月24日の東大の投稿である。東大は、決済書の不備が改善されないという出来事について次のstory25のように語っている。以下の対話では、互いの「やってみる」を承認しあうチームの関係性として、シェアド・リーダーシップの発生が見出される。

story25 東大の投稿と返信（5/24）

今日、何日振りかで決裁書が回って来ていたので確認した所、頭にくるというか情けなくなってしまいました。開発課長がチェック、コメントしているはずなのに、表面的には決裁書の体裁が整っていて決裁金額も大きくなかったので、（開発課長は）軽く流したのだろうと思います。自分も経験があるのでわかります。ここでわかるからそのままで同じ様に流す、又は自分で不足部分を確認して追記する、を今まで行なっていたのが自分でした。今回、長いメモを付けて、語調も強くして課長へ戻しました。「語調も強くして」も今まであまりしてこなかったので意識した所です。粘り強く継続していきます。

上野：最近、千葉・東大両部長の変化に気づいている人がいるんじゃないかな？特別なことも継続すれば普通になりますね。

影山：「心変われば行動変わる」ですね。「チャレンジ」を地道に続けましょう！

平野：やり続けましょう。続ければ意識は変わると思います。私もやります！

千葉：真の原因と、具体的対策ははずさないようによく見ていこうと思います。リカバリーも当然必要ですが、大切なのは2度と起こさないことかと。心して続けます！

東大は部下の決済書の不備が改善されないという自部署での体験について、かつての自分も書類を軽率に扱っていた、そしていまの自分は部下を甘やかしていたと語っている。その上で、新しい行動（＝語調も強くして）を試したと述べている。つまり、誰かの命令や指示によってではない、独自的かつ自律的な「やってみる」を試行した。その上で、「粘り強く継続していきます」と宣言している。

上野の「最近、千葉・東大両部長の変化に気づいている人がいるんじゃないかな？」、影山の「「心変われば行動変わる」ですね」という応答から、東大（および千葉）が自部署で行動を変容させていること

―「タテの変化」―は明らかである。

メンバーの応答を見ると、東大の語りに対し、東大の「やってみる」を肯定・承認した上で、それぞれが今後の決意を述べている。上野や影山の言葉は、明らかに自部署でのふるまいが変わった東大を役職上位者として褒める言葉でもあり、仲間として共に続ける決意を示す言葉でもある。この対話では、上司部下の分け隔てなく、他者の「やってみる」行為を承認しつつ自分の「やってみる」を宣言する、互いの「やってみる」を承認しあうチームの関係が示されている。チームという全体に個人が包摂されることなく、一人一人が自立して互いに協働するメンバーの関係性からシェアド・リーダーシップの発生が指摘できる。

言うべきことを言い合う

次に、上野の投稿をめぐる対話を見てみよう。次のstory26は、上野がチャレンジ活動について自論を述べる投稿である。上野は、これまでの体験を振り返り、今後のチャレンジ活動を展望している。以下の対話では、言うべきことが言い合えるチームの関係性として、シェアド・リーダーシップの発生が見出される。

story26 上野の投稿と返信（6／2）

チャレンジ活動とは何たるか？を考えた時、「風通し」と思う。言いたいことが言えるだけでなく、言わなければならないことが普通に言える組織。公明正大さをまず問われるのが我々幹部だと思う。様々な事象を幹部たちが理解した上で経営を司らなくて、真の一体感など生まれるわけがない。まだまだやるべきことがある。

01

東大：「風通し」＝「言わなければならないことが普通に言える組織」を妨げているものがウィルスであり、それを撲滅することがチャレンジ活動ということですね。

02

平野：チャレンジ活動を継続します。その先に見えるものが多く出てほしいと思います。

03

影山：先日、チャレンジ活動について所内ミーティングを実施しましたが、風通しの前の「あきらめの壁」も存在すると感じました。また、挑戦者の会議題として提案させていただきます。

04

千葉：悪い事程早く言えとよく言われましたが、今のロスミスなどの問題点が中々出てこないのも風通しの悪さの一部だと思います。やはり怒るではなく叱る、また、皆でどうするか考えようという姿勢を見せないと簡単には改善しないのではと感じます。関係者、上司に伝え、組織で対策を考えることが、チャレンジ活動だと思います。

05 上野：上記の千葉部長のコメントはいいね！報告ではない、みんなで考える会にするといいかもしれない。次の個人テーマにします。

上野は、チャレンジ活動は「風通し」と語り、その後「公明正大さをまず問われるのが我々幹部だと思う。様々な事象を幹部たちが理解した上で経営を司らなくて、真の一体感など生まれるわけがない」と、自分を含む我々の至らない点を語っている。「風通し」という言葉は、部下に対し「言うべきことが言えていない」現実を語るキックオフでの自身の言葉（story10）や、うまくいかない姿をメンバーに晒す苦々しい体験（たとえばstory17や18）への応答である。また、上野同様うまくいかなくても試行錯誤しながら「やってみる」を続けようとしているメンバーへの応答でもある。この語りは４人のメンバーに向けられているが、我々という言葉が示すように内省的でもある。この上野の語りは、チームのリーダーとして、仲間として、率直に「言うべきことを言う」メンバーとの関係を示している。

上野が語る「真の一体感」という言葉は、上野のメール署名にも書いてある、自身が大切にしている言葉（真の一体感を目指す）である。チーム５人は結束し、それぞれの行動は変化しているものの、組織全体にその影響が広がっているとは決して言えない。「まだまだやるべきことがある」という言葉は、うまくいかない現実を自分事として解決したいという強い思い＝「慚愧」を示している。

その後の応答を見ると、メンバーは、それぞれが自分の考えや思いを表明している。たとえば、東大（01行目）について、これまでの東大の投稿（たとえばstory12や15や25）からわかるように、東大にとって「部下指導のあり方」は妥協を許さない問題である。ゆえに、東大の『「風通し」＝「言わなければならないことが普通に言える組織」を妨げているものがウィルスであり、それを撲滅することがチャレンジ活動』という語りは、上野の語る「風通し」を自分の体験に結びつけて将来的な「やってみる」を展望していると思われる。

また、平野（02行目）について「チャレンジ活動を継続します」と、今後の「やってみる」を展望している。続く「その先に見えるものが多く出てほしいと思います」という言葉は、自身の言葉「我々が変われば支社全体も変わる、伝わるものだと信じています」（story20）に重なる言葉であり、自らの行動により変化するであろう将来への期待感を示している。

また、影山（03行目）について、『風通しの前の「あきらめの壁」も存在すると感じました』と厳しい現実を直視し、その上で、「挑戦者の会議題として提案させていただきます」とその問題を解決するための積極的な提案を行う意志を表明している。

また、千葉（04行目）は上野の語りをうけて、「悪い事程早く言えとよく言われましたが、今のロスミスなどの問題点が中々出てこないのも風通しの悪さの一部だと思います」と、風通しに関わる独自の見解を述べ、「関係者、上司に伝え、組織で対策を考えることが、チャレンジ活動だと思います」と自分の見解を述べている。

上司と部下という主従関係が優位であれば、「了解しました」、「風通しを心がけます」のように忖度したり遠慮したり服従するような応答になると思われるが、メンバーの応答を見ると、そうではなくそれそれが自分の考えを率直に語っている。また、上野（05行目）は、千葉の提案（04行目）に対して、「次の個人テーマにします」（05行目）と応えていることから、メンバー5人が等しく言うべきことを言い合うことができるフラットなチームが構築されていると指摘できる。継続的なダイアローグの関係は、上野／リーダーとメンバー／フォロワーの関係を明らかに変化させている。この、言うべきことが言い合えるチームの関係性から、シェアド・リーダーシップの発生が指摘できる。

リーダーの「慚愧」についていく

最後に、再度上野の投稿をめぐるダイアローグを見てみよう。次のstory27は、7月3日の上野の投稿である。上野は、ここまでのチャレンジ活動をふりかえり、継続を宣言している。以下の対話では、リーダーの「慚愧」についていくチームの関係性として、シェアド・リーダーシップの発生が見出される。

story27　上野の投稿と返信（7／3）

ここまでを振り返ってみると・・挑戦者の会発足、『チャレンジ宣言』・・そしてチーム・個人テーマ・・・たくさんの新しい試みを始めた。引き続きチャレンジを続けていく。上手くいくという保証は皆無だが、ただひたすら明るい未来を信じて進めていく。そして将来振り返った時、これらの点が線でつながっていたことに気づくだろう。未来でつながる事なんて誰にもわからない。過去を振り返った時にのみ点が繋がるのだ。だからひたすら信じた道を行くしかない。(byスティーヴ・ジョブズ)

影山：自分が主担当の取り組みもあるので、まずはＰＤＣＡ継続します。

平野：やるべきことをやり続けます。

千葉：ポジティブに、建設的に、次期に望みます。あとダメなものはダメを徹底します。

東大：今は新しい試みの継続をしていく事に注力します。

私　：最高ですね！進みましょう。

上野は、「引き続きチャレンジを続けていく」と、今後もいまの実践を継続するという意思＝「慚愧」を示している。上野が語る言葉は、ビジョンでもなく、具体的な指針でもない。スティーヴ・ジョブズの言葉を引用して、自分の実践を続ける意思を示しているだけだ。しかし、このダイアローグで注目したい点は、４人のメンバー（影山・平野・千葉・東大）各々が、上野と同様にそれぞれの実践を継続する意思を具体的に表明している点である。この対話では、公式なリーダーが強制、命令、要請を行わず、フォロワーが自律的にリーダーをフォローする関係が成立している。ここまでメンバーと大切に積み上げてきた対話の関係性が、「チャレンジを続けていく」という「慚愧」に結実し、4人のメンバー全員が、リーダーが示す「慚愧」についていく多声的なチームの関係が成立している。このチームの関係性から、シェアド・リーダーシップの発生が指摘できる。

第4部
まとめと考察
Part 4 Summary and Discussion

挑戦者の会の実践の変化を追跡した結果、私は、モノローグ組織から脱却し、多声的な組織に移りゆくプロセスに、シェアド・リーダーシップの発生を見出すことができた。発生の原動力は、公式なリーダーの極めて情緒的かつ個人的な思い＝「慚愧」であることを発見した。

第10章 まとめ

モノローグ組織の容態

Z支社では、各々が一方的に他者の不満を語り、問題を他人事して捉えて他者に無関心となる人間関係であるモノローグの関係が構築され、そのなかで組織の命令に従い、個人的な成果を最優先することは正しいというコミュニティ独特の価値体系である成果主義による狭窄が生起していた。これを図表10-1に示す。

Z支社では、たとえば上司部下の関係であっても、自己の評価に直結しない数字以外については関心や期待を向けないモノローグの関係が認められた。モノローグの関係では、業務上必要であっても数字に直接関わらない社内交渉を抑制する行為を通じて、自己の評価に直結する業務を行うことが大事という意味を追認し、成果主義による狭窄を強化する。ある人の考えや行動がこの成果主義による狭窄を参照し、制約されれば、それは目の前の問題回避に作用し、結果トラブルに発展したり、交渉相手との人間関係（特に営業職と開発職）が悪化する。Z支社の人々は、問題が増え続ける状況に不安や不満を抱えているが、各々が問題を認識しているにもかかわらず、皆、不満を言うだけで看過する。こうして、よそよそしいモノローグの関係が助長される。

問題は解決されないままにただ蓄積していくので、16の言葉（story3）が示すように組織への不満が蔓延し、先行した改善者の会のメンバーが語るように、組織のこれからや自分の将来への期待を「あきらめ」、どうせ自分がやってもとお互いに「無関心」となり、自分の身を守るために面倒な問題について「見ざる・言わざる・聞かざる」ことになる。

このように、Z支社を支配する成果主義による狭窄は、モノローグの関係と密接不可分であり、両者は相互に構築しあい、モノローグ組織を形成していることが明らかとなった。

図表10-1 モノローグ組織

シェアド・リーダーシップの発生：三幅対の変容プロセス

モノローグ組織から脱却していくプロセスを追跡した結果、シェアド・リーダーシップの発生は、チーム・メンバー間のダイアローグの関係を構築していくプロセスと、チーム・レベルの変容、公式なリーダーの変容、メンバーの変容という3つの変容プロセスがほぼ同時に進行していく様態から説明できることが明らかとなった。この様態を**「三幅対（サンプクツイ）の変容プロセス」**と呼ぶ。三幅対とは、三つで一組みになる掛け物を指すが、広義では三つで一組みになったものを指す。その中心にあり統合させる作用が、公式なリーダーとチーム・メンバーのダイアローグの関係を基盤とする「慚愧」の共鳴である。ゆえに、シェアド・リーダーシップ発生状態に至るプロセスは、「慚愧」の共鳴を中心とする三幅対の変容プロセスから説明される。これを図表10-2に示す。

公式なリーダーは、メンバーとの対話を通じて、フォロワーの「やってみる」から、いまの自分を変えたいという忸怩たる思い＝「慚愧」を感じ取り、「自分こそ変わるべきだ」と気づき、自身の行動を変容させる「慚愧」を表出させる。ここでリーダーが表出させる「慚愧」は、リーダーが発した言葉であるがこれまでメンバーと積み上げてきた関係性―ダイアローグの関係―が表象されているため、それは、フォロワーにとってまるで自分の思いであるかのように理解される。そして、「モノローグの自覚」を共有する仲間でありリーダーでもある「あなたが変わるならば私も変わる」というリーダーとフォロワーの関係―「慚愧」の共鳴―が「タテの変化」と「ヨコの変化」が絡み合う形で生じ、さらなる「やってみる」

図表10-2　三幅対の変容プロセス

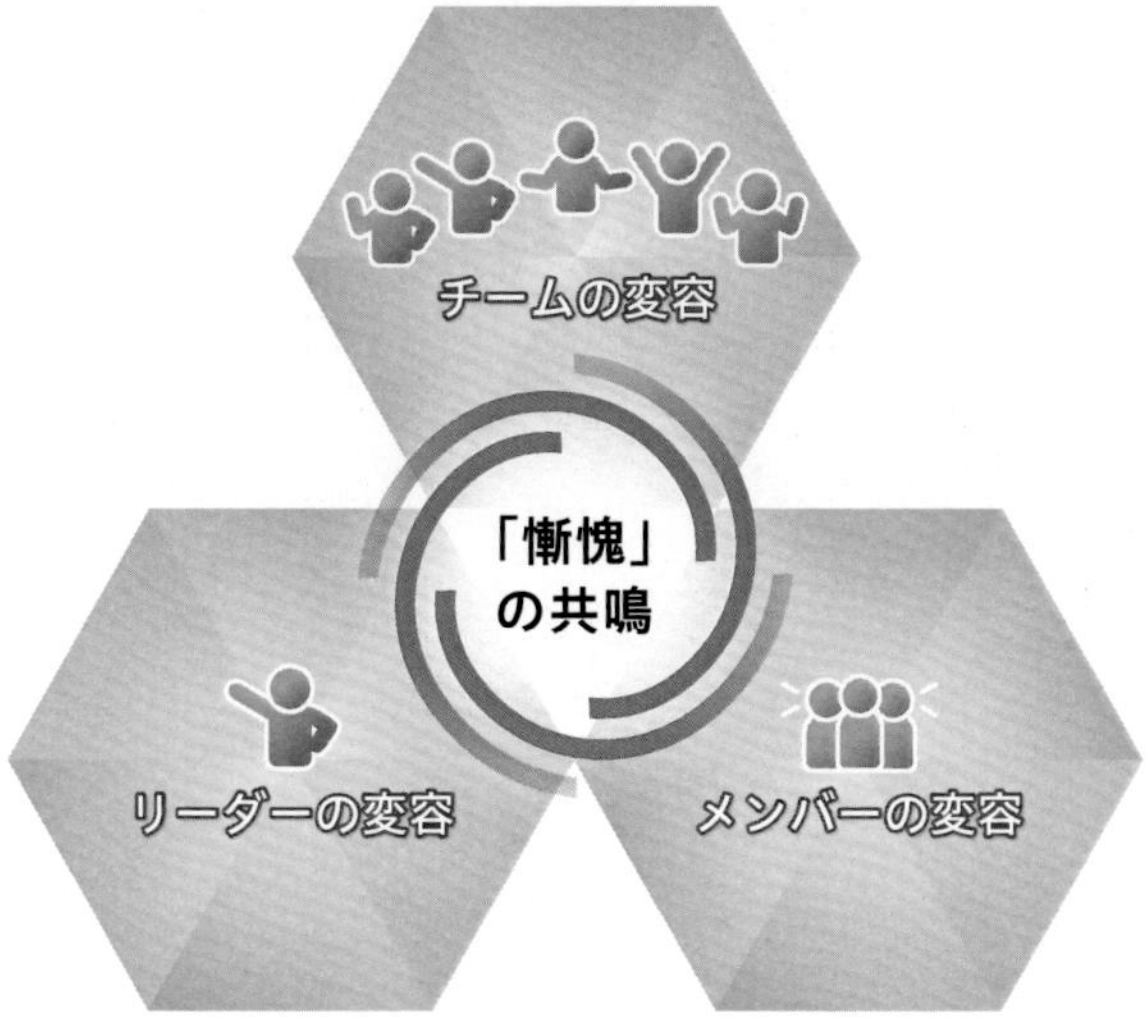

が引き出される。

このように、「慚愧」が共鳴するダイアローグを起源として、上図に示される、リーダー、メンバー、チームの三幅が、ぐるぐると影響を与えながら全体として調和を作り出すダイナミズムとしてシェアド・リーダーシップが発生する。この状態は、イントロダクションで定義したシェアド・リーダーシップの定義と符号する。すなわち、公式なリーダーの振る舞いの変化がフォロワーやチームに変化を与え、チーム・レベルの変化が公式なリーダーやフォロワーの振る舞いに変化を与えることで、チームメンバー各々が、自律的に考えて行動しているが、チーム全体としては調和している状態である。

シェアド・リーダーシップの発生が認められるチームでは、story25が示すように、上司部下の分け隔てなく他者の「やってみる」行為を承認しつつ自分の「やってみる」を宣言するチーム状態が生じている。チームという全体に個人が包摂されることなく、個人が自立して互いに協働するシェアド・リーダーシップの関係が認められる。この関係は、story26が示す言うべきことを言い合うチーム状態でもある。上司と部下間で、忖度したり遠慮したり服従することなく、それぞれが自分の考えを率直に語り、言うべきことを言い合うことができるフラットなダイアローグの関係が構築されている。また、story27が示すように、公式なリーダーが強制、命令、要請を行わず、フォロワーそれぞれの「やってみる」をコミットする関係が成立している。

以上、シェアド・リーダーシップ発生状態に至るまでのプロセスを、公式なリーダーとチーム・メンバーのダイアローグを通じた「慚愧」の共鳴を中心とする三幅対の変容プロセスとして説明した。

最終章 これからのシェアド・リーダーシップ研究と開発

1 理論的な意義

以上の結論から導出される本書の理論的意義は、**シェアド・リーダーシップの発生を把握するために、公式なリーダーを含めたチーム・メンバー間の対話の関係性＝ダイアローグに焦点を合わせるという発見**にある。

シェアド・リーダーシップの発生を把握するための対話の関係性とは、予定調和、妥協的な合意や承認、あるいは忖度とは対極的な位置にある、公式なリーダーとチーム・メンバーの率直な意思のぶつけ合いである。ぶつけ合いと言っても、独善的に主張する、相手を非難する、相手の主張を論破するというモノローグでなく、**1人称の「わたし」がどう考えどう感じるかを語り、忖度や遠慮をせずに「言うべきことを言う」ことを歓迎し合う緊張感あるダイアローグの関係**である。

このようなダイアローグでは創造的な「気づき」が生じ、それに触発されて「やってみる」という生成的変化が引き出される。重要点は、この生成的変化は指示や命令ではなく、ダイアローグを通じて双方から引き出されると言う点だ。ダイアローグ概念では「自己同士が接触する（ダイアローグが始まる）際、相互の見解がぶつかることにより新たな見解が創出し、互いに変化し得る」と説明される。このような独自的かつ自律的な「やってみる」という生成的変化が、「慚愧」の共鳴により方向づけられ、相互に異質でありつつも融合せずに共生する多声的な関係として、シェアド・リーダーシップが立ち現れる。まさに、シェアド・リーダーシップは、オーケストラが作り出すハーモニーのように、奏者が奏でる個別の演奏が、一つの音楽として成り立ち、完全に調和している関係性である。

いま述べた発見は、シェアド・リーダーシップ研究に、次の具体的な理論的意義をもたらすと考えられる。

シェアド・リーダーシップ発生を捉える観点

第1に、シェアド・リーダーシップ発生状態に至る道筋としてのプロセスを描き出したという理論的意義である。シェアド・リーダーシップの先行研究では、シェアド・リーダーシップ発生に正の影響を及ぼす先行因子および結果因子の検証は行われたが、ダイアローグに焦点化する研究は、ほとんど行われてこなかった。そのため、シェアド・リーダーシップ発生状態に至る道筋としてのプロセスは未解明であった。本書では、ダイアローグに焦点化することで、先行研究では未知であった、シェアド・リーダーシップ発生プロセスの様態をエスノグラフィーによって詳細に記述することができた。本書の解明結果をシェアド・リーダーシップの先行研究と付き合わせて精緻に検証していく作業を行うことで、シェアド・リーダーシップ研究をより意義あるリーダーシップ研究領域として発展さることが期待できる。シェアド・リーダーシップの発生は、公式なリーダーを含めたチーム・メンバー間のダイアローグに着目し、三幅対の変容プロセスを追跡する必要がある。今回の研究は、それを示した最初の研究と位置づけられる。

公式なリーダーの存在感と再帰性

第2に、公式なリーダーの存在が、シェアド・リーダーシップ発生に深く関わっていることを証明したという理論的意義である。シェアド・リーダーシップでは、垂直方向と水平方向という2つの影響の源は互いに影響しあうと仮定される。しかしながら、先行研究では、もっぱら実証主義的認識論に依拠するため、公式なリーダーがシェアド・リーダーシップ発生に及ぼす個人レベルの影響と、チーム・メンバーがシェアド・リーダーシップ発生に及ぼす社会レベルの影響が要素化され、要素間の静的な因果関係の検証が行われていた。ゆえに、本書が遂行したような、公式なリーダーの振る舞いがチームに影響を与え、チームの変化が公式なリーダーの振る舞いに影響を与えるという再帰的な見方から、シェアド・リーダーシップの発生を捉える研究は行われていなかった。

本書では、社会構成主義的認識論の立場を採り、公式なリーダーを含めたチーム・メンバー間のダイアローグに焦点化することで、個人レベルの変化とチームレベルの変化を切り離さず、かつ、社会構成主義の観点を転倒させることなく、両者の再帰的な循環プロセスを記述した。

本書が提出した結果として特筆すべき点は、**リーダーの役割が共有されていくプロセスについて、公式なリーダーの存在が、シェアド・リーダーシップ発生に深く関わっていることを示したこと**にある。挑戦者の会の事例では、上野とメンバーが時間をかけて耕してきたダイアローグが、最終的に上野が示す「チャレンジを続けていく」という言葉に表象される「慚愧」に結実し、この、ビジョンでもない具体的な指針でもない意思表明に対して、4人のメンバーが共鳴し、各々が、挑戦者として参加を継続する決意を具体的に示した。上野から命令や強制されることなく、それぞれが独立して、参加の方向に向けて共に進もうとする関係の現出が認められた。4人のメンバー全員が、上野が示す「慚愧」についていく関係が成立していることから、上野は関係的にリーダーとなっていると指摘できる。この事例が示すように、公式なリーダーは、シェアド・リーダーシップ発生(リーダーシップの発生)に特別な影響を及ぼしうる存在であると言える。

しかし、そう言えるものの、これは公式なリーダーのみが特別な影響を及ぼす特権を持つという意味ではない。上野が示す「慚愧」にフォロワーがついていく関係―あなたが変わるならば私も変わる―は、公式なリーダーの存在によりフォロワーがリーダーとしての役割を獲得する関係であり、メンバーの存在により公式なリーダーがリーダーとしての役割を改めて獲得する関係でもある。この関係は、リーダーとシェアド・リーダーシップの再帰的な関係である。リーダーはわたくしの思いを基盤としつつ社会的に構築されていくが、その個人としてのリーダーがフォロワーに影響を与えフォロワーが個人としてのリーダーに影響を与える再帰的な関係として、チーム全体のシェアド・リーダーシップが形作られていくと考えられる。

本書では、公式なリーダーの存在とシェアド・リーダーシップの再帰的な関係についての可能性が示唆された。この示唆は実務者の経験則からある程度納得できるものと思われるが、理論的に十分に実証されているとは言えないため、今後の研究で実証作業を継続する必要がある。

2 シェアド・リーダーシップの効果性

Z支社では、潜在的な負の側面として個人主義の助長、他者（上司）への不信、問題回避と組織批判が暗黙的に正当化されていた。そう考えると、Z支社の組織的な課題であったセクショナリズムといった組織の機能不全やCS（顧客満足）の低さという問題は、モノローグ組織の構造的な問題が引き起こしていたと考えられる。

無論、モノローグ組織＝負の側面のみ、ということではない。モノローグ組織は、組織で働く人々の役割を明確にして、自分がいま何をすべきかに関する判断基準を与え、組織が求める行為に集中させるというガバナンスを確立している。この点で、組織として成熟しているという見方もできるからだ。しかし、組織として成熟しているがゆえに、変化を起こすことは容易ではなく、とりわけ、改善者の会のような急場しのぎの取り組みでは、本質的な解決を導くこと―モノローグ組織の変革―は困難であった。

ところで、モノローグ組織の変革を試みることは、経営上のプラスになるのであろうか。シェアド・リーダーシップ発生の効果について、先行研究では、財務実績など組織の業績に貢献するという結果が示されている。[96] 実際の数字を示すことはできないが、**Z支社についても、調査期間内特に挑戦者の会の活動が活発化した期の売上利益が175％アップしている。**以後の研究で十分に検証する必要はあるが、本書が提出した結論は、**シェアド・リーダーシップ発生を狙いとする組織変革に取り組むことが、組織経営にポジティブな影響を及ぼす可能性**を示している。

モノローグ組織に傾斜している組織状況を認め、組織目標に向かうために、人々が自律的に協働して仕事に取り組むことができる関係を構築することが、組織を活性化させるだけでなく、組織が掲げる目標へ接近するための効果的な打ち手となり得る。

3 シェアド・リーダーシップをつくる5つの戦略

では、モノローグ組織から脱却し、シェアド・リーダーシップが発生する多声的な組織に転換させていくために、どのような戦略が有効なのか。以下では、Z支社で見出された5つの戦略を紹介したい。今後の検証が必要であるが、次に示した5つの戦略は、シェアド・リーダーシップの発生を、意図的に仕掛ける手がかりとなると思われる。

①ダイアローグを行うチームを編成する。
②チーム・リーダーの意思表明。
③SNS日記の導入。
④自己開示できるダイアローグの場をつくる。
⑤コンサルタントの視点を導入する。

チームの編成

第1の戦略は、経営幹部で構成されるダイアローグを行うチームを編成することである。改善者の会は、非管理職を中心とした8名でチームが構成されていた。このメンバーに上野は含まれていなかった。組織的な役職を持たない社員が組織変革に向けて立ち上がることが理想的だが、個人の自由な活動や意思表明が抑制されるモノローグ組織で、こうした有志メンバーが変革の中心になることは困難な場合が多いだろう。

改善者の会では、組織の問題を他人事として捉え、一方的に不満を語るという状況が見られた。この状況からダイアローグの関係に転ずることは困難であった。彼らは、「成果主義による狭窄」により、後に平野が語る「自分の行動を変えることが組織を変えることにつながる」(story20) という感覚を最後まで得ることができなかった。

一方、挑戦者の会では、トップ・マネジメントでもある公式なリーダーを含めた5名の経営幹部による組織変革チームが編成された。改善者の会とのメンバー構成の違いは明確である。シェアド・リーダーシップの発生するダイアローグが、率直に自己開示を行うチーム・メンバー間の関係で進行したことを考えれば、5名程度の少人数のチームを編成することが望ましい。

また、ダイアローグによる気づきを、すぐに自部署で展開できる立場にあることも重要である。リーダーを含める形で新しい行動が展開されるため、三幅対の変容プロセスが生じやすくなる。無論のことながら、少人数の経営幹部でチームを編成しただけでダイアローグの関係が成立する、というものではない。また、改善者の会のようなメンバー構成が必ずしも無効であるとは言えない。重要な点は、次で考察する公式なリーダーの関わり方である。

リーダーの意思表明

第2の戦略は、まずチーム・リーダーが上司部下の関係を反省的に捉え直したいという意思を示すことである。Z支社では、「あきらめ」「無関心」「見ざる・言わざる・聞かざる」という言葉が象徴する「成果主義による狭窄」という組織的な問題が顕在化した。この問題を改善者の会では解決に導くことはできなかったが、公式なリーダーが問題を自分事として捉えた「挑戦者の会」では、この「慚愧」の表明、すなわち、リーダーの反省的な意思の表明となったと考えられる。

つまり、**数字を出すことに直結する問題ではなく、数字を出すことに集中するあまり看過されてきた組織的な問題に目を向けることができたこと、その問題が可視化されたこと**が、転換を可能にさせる重要な要因となった。そして、この組織の本質的な問題に対して、公式なリーダーがその問題を作り出しきた当事者であることを自覚し、深い反省の元で、それを自ら改めていきたいという言葉に「慚愧」が宿ったと考えられる。

公式なリーダーによる「慚愧」の表出は、公式なリーダーが「慚愧」を語るという「語り方の問題」と括ることは適当ではない。つまり、リーダーの個人的なスキルや能力論のみで捉えることはできない。「慚愧」の表出は、チーム・メンバーが、馴れ合いや忖度ではなく、上司・部下という上下関係を超えて、平等な立場で率直に語り合うことができる関係のなかから生じる。極論すれば、「慚愧」は、公式なリーダーが語る言葉ではなく、フォロワーとの関係のなかでその関係が語らせる言葉である。ゆえに、フォロワーとなるメンバーが、公式なリーダーと同じように、組織の本質的な問題を自分事として捉えることが重要である。「モノローグの自覚」に照らし、フォロワーがいまの自分の至らなさを自覚し、そんないまの自分を変えたいと葛藤するフォロワーの姿を見て、上司として「自分こそ変わるべきだ」という強い感情を伴う「慚愧」が生成される。公式なリーダーが、メンバーとのダイアローグを通じて得た「モノローグの自覚」に依拠し、「慚愧」を表出させる行為、これは、公式なリーダーの変容であり、またフォロワーの変容でもある。

挑戦者の会の経過を見れば、結果的に、キックオフで上野が「慚愧」を表出させたことが、その後の転換を誘引し、次に考察するSNS日記でのダイアローグという仕組みのなかで、チームの変容が促進されていったと考えられる。

SNS日記

第3の戦略は、SNS日記が導入されたことである。挑戦者の会の対話では、対面で行う対面型とSNS日記として行うオンライン型の対話が併走した。キックオフにて対面型で公式なリーダーの「慚愧」が表出し、そこで「慚愧」の共鳴が発生して、各メンバーの「やってみる」の試行につながったと考えられる。SNS日記では、次の最低限の運用ルールに絞ることが重要である。

① 毎日1回「自分のマネジメント」をテーマに投稿すること

② メンバーの投稿には必ず返信コメントと〝いいね！〟を入れること

SNS日記のダイアローグの大きな特徴は次の2点である。第1にメンバー全員と対話を行う環境が作れるという点である。SNS日記のダイアローグでは、ある話者の発話の聞き手は話者以外の全員になることである。5人が囲むことができる円卓で、他の4名に対してお互いに発言しているような関係となる。運用ルールにより、あるメンバーが語ると、それに対して全員に応答責任が発生するという制約が、メンバーの内省と行動を促進する見えない仕掛けになっている。

第2に時間と場所を選ばないという点である。その場で即時に応答しなければならない対面型の対話と異なり、SNS日記の対話では、あるメンバーの投稿や応答を見て考え、応答するという時間的な余裕がある。この時間的余裕により、誰かの語りを見て内省する時間が確保される。いつでも好きな時間に書ける、字数は少なくてもよいという個人の自由度が認められたなかで、挑戦者の会では積極的なメンバーが次々と「やってみる」や反省を示すことにより、強制感が少ない形で参加が促進されていく仕掛けが作られていた。しかし、このような仕掛けがあったとしても、メンバーが参加してこなければ対話の関係は発展していかない。それを促進する戦略として次の4が肝要である。

ダイアローグの場づくり

第4の戦略は、自己開示できるダイアローグの場づくりを行うことである。SNS日記の場がつくられても、自己開示を行わない業務的な会話だけが行われる場では対話の関係は進展していかない。挑戦者の会の事例では、対話が開始する最初の段階で、5人のメンバーのなかでトップの上野とナンバー2

の影山が肯定的な応答を行い、ここが本当に本音で語り合える場であることを証明したことが、その後のダイアローグの進展に影響を与えたと考えられる。

また、2のように、チーム・リーダーである上野から「慚愧」が表明されたことが大きな影響を与えたと考えられる。キックオフで上野が表出させた「慚愧」への応答として、率直な意思表明が引きだされた。

したがって、**SNS日記を基盤とし、公式なリーダーを含めたメンバー全員が、組織の本質的な問題を自分事として自覚する、深い内省を継続的に行う関係づくりこそが、シェアド・リーダーシップを育むために不可欠である。**

コンサルタントの視点を導入する

第5の戦略は、コンサルタントの視点を持ち込むことである。自分が属する組織がモノローグ組織となっていること、それにより組織的に望ましくない影響が出ていることを十全に把握するためには、どうしても外部の視点からの客観的なアドバイスが必要である。

モノローグ組織の変革には苦労が伴い、それを達成するには努力が必要である。効果は予測できても、業務的な負担から実際に取り組みを開始し、それを維持することには多大な困難が予想されるのではないだろうか。公式なリーダーがあきらめてしまったら、取り組みはそこで終了してしまう。ゆえに、公式なリーダーの対話のパートナーとして率直にアドバイスし、リーダーが冷静に自己をみつめ続けることができる外部の視点が必要であろう。

モノローグ組織が抱える問題を、最新のテクノロジーを用いて解決に導くことはある程度は可能と思われる。しかし、モノローグ組織を作り出している人々の認識や人間関係をそれらで解決することは難しい。また、人々がモノローグ組織に関わる問題を自分事として自覚し、行動を変えていくように仕向けていくには、一過性の教育では不十分である。したがって、自律的にメンバーが行動を変えていくことを支援し、教育するコンサルタントの関与が必要であろう。

4 今後のシェアド・リーダーシップ研究

本書で述べた知見は、シェアド・リーダーシップ発生研究という未知の研究領域の入り口を見つけたにすぎない。以下では、本研究の結果をふまえて、今後の研究課題の方向性を述べる。

シェアド・リーダーシップを開発する試み

今後のシェアド・リーダーシップ研究では、シェアド・リーダーシップの発生を念頭においた組織改善プロジェクトを調査対象とするアクション・リサーチが有効と思われる。Z支社を対象とする調査では、シェアド・リーダーシップの発生を目的としていなかったため、調査者である私がシェアド・リーダーシップ発生に向けて意図的に介入を行うことは無かった。それ以前に、調査段階では、どのようにシェアド・リーダーシップが発生するのかは未知であった。しかし、結果、参加者の自然な行動変容の観察からシェアド・リーダーシップ発生プロセスを把握することができた。

今後のシェアド・リーダーシップ研究では、挑戦者の会で見られたようなチーム・メンバー間のダイアローグを、調査対象に合わせて開発していくことが重要と思われる。その調査対象について、本書の結果を踏まえれば、三幅対の変容プロセスを効果的にまわしていくために、経営幹部による構成が理想であると思われる。しかし、組織変革を担うことが期待される人材はミドル階層である場合が多いと予想されることを考えれば、ミドル階層のダイアローグが三幅対の変容プロセスの原動力となり、そのメンバーのなかから次のリーダーが生じていくプロセスを研究していくことも重要な研究課題である。

また、本書では、発生プロセスに注目したが、そこからシェアがどのように維持され収束していくのかについては調査していない。例えば、公式なリーダーがチームから離脱した場合、あるいはシェアド・リーダーシップの立ち上りの文脈を共有しないメンバーが新たに加入した場合、シェアド・リーダーシップ発生状態はどのように変化するのか／しないのかは未解明である。したがって、将来的なアクション・リサーチでは、発生・維持・収束といったリーダーシップのライフサイクルを視野に入れて研究していく必要があろう。

シェアド・リーダーシップがいかに広がるのか

本書の調査では、各メンバーの具体的な行動変容を、SNS日記から把握した。今後の研究では、シェアド・リーダーシップがいかに組織広範に広がり、それがチームのシェアド・リーダーシップをどのように変化させるのかが重要な研究課題となる。チームに発生したシェアド・リーダーシップが、組織の下層にどのように影響を与えるのかについては未知である。組織における、ある特定のチームでのダイアローグの活性化だけでは組織変革は限定的であることも考慮すれば、シェアド・リーダーシップ発生の調査範囲は組織の下層まで拡大していくべきであろう。

挑戦者の会の事例では、シェアド・リーダーシップ発生状態に接近していくにつれて、チームで見られたダイアローグが、各メンバーの自部署においても同じように展開されていることが確認されている。ダイアローグが、個人と社会の再帰的な循環関係をつくる鍵となっていることは明らかであるが、シェアド・リーダーシップ発生につながるダイアローグとはいかなるダイアローグなのかについては、本書では深掘りを行っていない。ゆえに、これも今後のシェアド・リーダーシップ研究における重要な研究課題となると思われる。

5 シェアド・リーダーシップ開発の最前線

博士学位を取得してまもなく、私はある組織（X社）で組織開発とリーダー開発の統合的な支援を委託された。その内実は、シェアド・リーダーシップ開発と言える内容である。本書の最後に、X社で進行中のシェアド・リーダーシップ開発の概要を少し紹介したい。

X社は、ある業種のサービス開発・販売・保守を行う会社である。全国に展開し、従業員数は約500名。創業者である社長が一代で年商100億企業にまで成長させた。X社の特徴は、他社の追随を許さない卓越した営業力にある。コロナ禍に入っても前年業績を上回る業績を残す組織的な営業力が強みの会社である。営業的な指揮統制が強いため、X社には間違いなくモノローグ組織の特徴が認められる。X社で行った支援の特徴は、次の4点である。

① 後継者育成が目的
② 長期的な取り組み
③ リーダー開発×事業開発
④ 5つの戦略に忠実

第1に、この支援の主目的は後継者育成である。X社社長は、3年後に迫る会社設立30周年の節目に向けて、X社の後継者としてふさわしいリーダーを育成することを目的とした支援を検討し、私の会社が業務委託を引き受けることになった。

第2に、この支援は必然的に長期的な取り組みとなる。シェアド・リーダーシップ開発は、リーダー開発と組織変革を組み合わせる形で進行していくため、中長期の時間軸で進めていく必要がある。一過性の教育ではなく、現社長が第一線から退いた後のX社の経営を支えるリーダーを長期スパンで作ることが私の使命となった。

第3に、以上の目的および使命に沿い、新たな事業を持続的に創出することを可能にする組織的なスキームをつくり、同時にそれをまわしていくリーダー開発と事業開発を行う支援をすることとなった。この支援では、私の考えるシェアド・リーダーシップ開発の理解者であり、プロジェクト・マネジメントおよび事業開発の専門家である有限会社システムマネジメントコントロール社の野村隆昌代表をパートナーとして迎えた。

第4に、本支援は、本章第3節で解説した「5つの戦略」に基づいて展開している。スタート時からSNS日記を開始し、取締役を含めた経営幹部で組織するメンバーが対象の最初の取り組みを開始した。半年後には、さらに次の階層のメンバーを追加し、複数階層での取り組みを開始している。

指示や命令ではなく、自分がやってみたいと思うビジネスモデルを、顧客視点から小さく立ち上げ育てていく複数のプロセスが現在進行中である。1つの新しい事業を立ち上げることがゴールではなく、継続的に事業が生み出される組織に変革していくこと、それを支えるリーダーが集まるチームを作ることが目指すべき状態であり、同社独自のシェアド・リーダーシップである。

あとがき

本書は、シェアド・リーダーシップの入門編であり、シェアド・リーダーシップについて、読者がおおまかに理解できることを目指した。いわゆるＨｏｗ-ｔｏ本ではないが、エスノグラフィーを読むことを通じて、シェアド・リーダーシップが立ち上がっていく三幅対のプロセスを感覚的に理解いただけるのではないかと思う。

シェアド・リーダーシップとは何か、それがどのようにつくられるのかの探索は緒についたばかりである。私はライフワークとして、シェアド・リーダーシップの探求を続けていきたい。

シェアド・リーダーシップ開発が現在進行中である。それは、組織改革、後継者育成、事業開発（顧客開発）、業務システム改革、戦略企画をシームレスに行う取り組みである。近い将来、本書（入門編）の続編（開発編）としてその具体的な開発プロセスを紹介できる日が来ることを楽しみにしている。

なお、本書執筆にあたって、さまざまな方にお世話になった。本書は私が多摩大学に提出した博士論文を土台に大幅に書き直したものである。あらためて、審査と指導をいただいた多摩大学院経営情報学部経営情報学研究科専攻教授　徳岡晃一郎先生、宇佐美洋先生、浜田正幸先生、佐々木弘明先生、法政大学大学院政策創造研究科教授 石山恒貴先生に感謝の意を表したい。また、石山先生には、序文の執筆を快くお引き受けいただいた。本書が取り上げる問題を明快なロジックでお示しいただいた。加えて、調査協力者であるZ支社の皆様、改善者の会、挑戦者の会の皆様、そして上野氏には大変お世話になった。

また、校正の和田裕子氏には、形式ばった学術論文を読みやすくする効果的なアドバイスをいただいた。また、デザインと組版の永谷純一氏には、まさに「我が意を得たり」の表紙デザイン、および、極めて読みやすい組版を制作いただいた。さらに、国際文献社には本書出版の機会をいただき、山田雄介氏には企画から流通に至るまで手厚く丁寧な本作りのトータル・サポートいただいた。

また、システムマネジメントアンドコントロール社 野村隆昌代表には、本書出版について力強く後押しをしていただいた。

最後に、私事ではあるが家族に感謝したい。仕事そっちのけで論文書きをしている私を暖かく見守ってくれた。とりわけ、妻の和美には、博士論文にチャレンジした10年間は経済的にも心理的にも多大な負担をかけた。妻の支援がなければ、本書を書き上げるどころか、博士論文を書き切ることはできなかっただろう。心から感謝したい。

2023年6月4日 妻の誕生日に脱稿　最上 雄太

注

序文

Dachler, H. P. (1992). Management and leadership as relational phenomena. Social representations and the social bases of knowledge. 1, 169-178.

Dachler, H. P., & Hosking, D. M. (1995). The primacy of relations in socially constructing organizational realities, in D. M. Hosking, H. P. Dachler, & K. J. Gergen (Eds.). Management and organization: Relational alternatives to individualism. Avebury.

最上雄太・阿部廣二. (2019). 「再帰的リーダーシップ試論 正統的周辺参加論による関係的アプローチの課題克服可能性とその意義」『質的心理学研究』18(1), 95-115.

Uhl-Bien, M. (2006). Relational leadership theory: Exploring the social processes of leadership and organizing. The Leadership Quarterly, 17(6), 654-676.

イントロダクション

[注1] McCall, M. W., & Lombardo, M. M. (1978). Leadership: Where else can we go?. Durham, NC: Duke University Press. 還元主義に傾斜するリーダーシップ研究を批判する論文。p.3より引用。

[注2] Burns, J. M.(1978). Leadership. New York: Harper & Low. p.2より引用。

[注3] Bennis, W., & Nanus, B. (1985). The strategies for taking charge. New York: Harper & Low. (小島直記訳『リーダーシップの王道』新潮社，１９８７年) 邦訳p.34より引用。リーダーシップの定義の困難さを示す同様の言説として「愛と同じように、リーダーシップは、誰もがその存在を知りながら、うまく定義できないものである」

(邦訳p.20）もある。

[注4] 金井壽宏（2005).『リーダーシップ入門』日本経済新聞出版. 私にとってリーダーシップ研究のバイブル的な一冊。

[注5] Yukl, G. A. (2013). Leadership in organizations. 8th Edition. Pearson Education.

[注6] Bass, B. M., & Bass, R. (2008). The Bass handbook of leadership: Theory, research, and managerial applications. ew York: Free Press. 紙版は分厚いので、検索性も考慮してkindle版がお勧め。

[注7] Stogdill, R. M. (1974). Handbook of leadership: A survey of theory and research. New York: Free Press. Stogdillの研究を深掘りするならStogdill, R. M. (1948). Personal factors associated with leadership: A survey of the literature. Journal of Psychology, 25, 35-71.と合わせて読んでおきたい。

[注8] 本書では、ガーゲンの社会構成主義の考え方を参照する。ガーゲンの代表的著作として Gergen, K. J. (1994). Realities and relationships: Soundings in social construction. Harvard university press.（永田素彦・深尾誠訳『社会構成主義の理論と実践　関係性が現実をつくる』ナカニシヤ出版，２００４年）； Gergen, K. J. (1999). An invitation to Social Construction. CA:Sage.（ケネス・J・ガーゲン，東村知子訳『あなたへの社会構成主義』ナカニシヤ出版，２００４年)など。

[注9] 複雑性リーダーシップ研究例として、①Marion, R., & Uhl-Bien, M. (2001). Leadership in complex organizations. The Leadership Quarterly, 12, 389-418. ②Uhl-Bien, M., Marion, R., & McKelvey, B. (2007). Complexity leadership theory: Shifting leadership from the industrial age to the knowledge era. The Leadership Quarterly, 18, 298-318.など。

[注10] チーム・リーダーシップ研究例として、①Day, D. V., Gronn, P., & Salas, E. (2006). Leadership in team-based organizations: On the threshold of a new era. The Leadership Quarterly, 17, 211-216. ②Zaccaro, S. J., Rittman, A. L., & Marks, M. A. (2001). Team leadership. The Leadership Quarterly, 12, 451-483. など。

[注11] 分散リーダーシップ研究例として、①Gronn, P. (2002). Distributed leadership as a unit of analysis. The Leadership Quarterly, 13(4), 423-451. ②Spillane, J. P., Halverson, R., & Diamond, J. B. (2004). Towards a theory of leadership practice: A distributed perspective. Journal of curriculum studies,

36(1), 3-34. ③Bolden, R. (2011). Distributed leadership in organizations: A review of theory and research. International journal of management reviews, 13(3), 251-269.など。

[注12] エマージェント・リーダーシップ研究例として、①Schneier, C. E., & Goktepe, J. R. (1983). Issues in emergent leadership: The contingency model of leadership, leader sex, leader behavior, In H. H. Blumberg, A. P. Hare, V. Kent, & M. F. Davies (Eds.). Small groups and social interactions (Vol. 1). Chichester, England: John Wiley. ②Zhang, Z., Waldman, D. A., & Wang, Z. (2012). A multilevel investigation of leader-member exchange, informal leader emergence, and individual and team performance. Personnel Psychology, 65, 49-78. など。

[注13] セルフ・リーダーシップ研究例として、①Bligh, M. C., Pearce, C. L., & Kohles, J. C. (2006). The importance of self-and shared leadership in team based knowledge work: A meso-level model of leadership dynamics. Journal of Managerial Psychology, 21, 296-318. ②Houghton, J., Neck, C. P., & Manz, C. C. (2003). Self-leadership and SuperLeadership: the heart and the art of creating shared leadership in teams. In C. L. Pearce, & J. A. Conger (Eds.). Shared leadership: Reframing the hows and whys of leadership. CA: Sage.など。

[注14] シェアド・リーダーシップ研究例として、①Carson, J. B., Tesluk, P. E., & Marrone, J. A. (2007). Shared leadership in teams: An investigation of antecedent conditions and performance. Academy of Management Journal, 50, 1217-1234. ②石川淳 (2013).「研究開発チームにおけるシェアド・リーダーシップ：チーム・リーダーのリーダーシップ，シェアド・リーダーシップ，チーム業績の関係」『組織科学』46(4), 67-82. ③Pearce, C. L. (2004). The future of leadership: Combining vertical and shared leadership to transform knowledge work. Academy of Management Executive, 18, 47-57. ④Pearce, C. L., & Conger, J. A. (2003). All those years ago, In C. L. Pearce, & J. A. Conger (Eds.). Shared leadership: Reframing the hows and whys of leadership. CA: Sage. 1-18. ⑤Pearce, C. L., Manz, C. C., & Sims, H. P. Jr. (2008). The roles of vertical and shared leadership in the enactment of executive corruption: Implications for research and practice. The Leadership Quarterly, 9(3), 353-359.など。

[注15] Yammarino, F. J., Salas, E., Serban, A., Shirreffs, K., & Shuffler, M. L. (2012). Collectivistic leadership approaches: Putting the "we" in leadership science and practice. Industrial and Organizational Psychology: Perspective on Science and Practice, 5, 382-402. 社会的プロセスに注目する研究を体系的にレビューする論文。

[注16] Zhu, J., Liao, Z., Yam, K. C., & Johnson, R. E. (2018). Shared leadership: A state-of-the-art review and future research agenda. Journal of Organizational Behavior, 39(7), 834-852. シェアド・リーダーシップについて、網羅的なレビュー論文。シェアド・リーダーシップに関心がある者は必読と思われる。

[注17] 石川 淳 (2016).『シェアド・リーダーシップ-チーム全員の影響力が職場を強くする』中央経済社.

第1章

[注18] リーダーシップ研究の先行文献を広範に調査する際にお薦めしたい書籍は次の3書である。①イントロダクションでも紹介したユクルのLeadership organizations.である。2019年に改訂第9版のYukl, G. A. (2019). Leadership in organizations. 9th Edition. Pearson Education.が出ている。金井(2005)が言うように、この書でリーダーシップ研究について知りたいことはほとんど見つかる。②Leadership organizations.とは別の切り口のテキストを探すならば、P.ノーサウスのNorthouse, P. G. (2022). Leadership: Theory and practice. Sage publications.であろう。このテキストは、毎年改訂されるので最新版の理論を把握することができる。③チェマーズのChemers, M. M. (1997). Leadership, change, and organizational effectiveness. University of California.である。2000年以前の先行研究がかなり網羅されていて、先行研究調査の強い味方になる1冊である。日本語訳版『リーダーシップの統合理論』で読むことができるのも利点である。

[注19] 特性研究の例として、①Gibb, C. A. (1947). The principles and traits of leadership. Journal of Abnormal & Social Psychology, 4, 267-284. ②Gibb, C. A. (1954). Leadership, in G. Lindzey(Ed.). Handbook of social psychology Vol.2, Addison-Wesley, 877-920. ③Jenkins, W. O. (1947). A review of leadership studies with particular reference to military problems. Psychological Bulletin, 44, 54-79. ④Stogdill, R. M. (1948). Personal factors associated with leadership: A survey of the literature. Journal of Psychology, 25, 35-71.など。

[注20] 行動研究の例として、Stogdill, R. M., & Coons, A. E. (1957). Leader behavior: Its description and measurement. Bureau of Business Research. Ohio State University.など。

[注21] コンティンジェンシー研究の例として、①Fiedler, F. E. (1964). A contingency model of leadership effectiveness, in L. Berkowitz (Ed.). Advances in experimental social psychology. Academic Press. ②Fiedler, F. E., (1967). A theory of leadership effectiveness. McGraw-Hill. ③House, R. J. (1971). A path goal theory of leader effectiveness. Administrative science quarterly, 16, 321-339. ④Hersey, P., & Blanchard, K. H. (1977). The management of organizational behaviour. Prentice Hall. ⑤Kerr, S., & Jermier, J. M. (1978). Substitutes for leadership: Their meaning and measurement. Organizational behavior and human performance, 22(3), 375-403. ⑥Vroom, V. H., & Yetton, P. W. (1973). Leadership and decision-making. University of Pittsburgh Press. ⑦Yukl, G. A. (1981). Leadership in organizations. Prentice-Hall.など。

[注22] ニューリーダーシップ研究の例として、①Bass, B. M. (1985). Leadership and performance beyond expectations, Free Press. ②Bass, B. M., & Avolio, B. J. (1993). Transformational leadership and organizational culture. Public administration quarterly, 112-121. ③Bryman, A. (1992). Charisma and leadership in organizations. CA:Sage. ④Conger, J. A., & Kanungo, R. N. (1987). Toward a behavioral theory of charismatic leadership in organizational settings, Academy of management review, 12(4), 637-647.⑤House, R. J. (1977). A 1976 theory of charismatic leadership, in J. G. Hunt & L. Larson (Eds.), Leadership: The cutting edge Southern Illinois. University Press, 189-207. ⑥Hunt, J. G. (1999). Transformational/charismatic leadership's transformation of the field: An historical essay. The Leadership Quarterly, 10(2), 129-144.など。

[注23] Carlyle, T. (1907). Heroes and hero worship, Boston: Adams.

[注24] タテの壁に関わる特性研究の限界について、①Chemers, M. M. (1997). Leadership, change, and organizational effectiveness. University of California. ②Zaccaro, S. J., & Cortina, J. M. (2014). The shared leadership of teams: A meta-analysis of proximal, distal, and moderating relationships. The leadership quarterly, 25(5), 923-942.が詳しいので参照されたい。

[注25] 例えば、①Gibb, C. A. (1954). Leadership, in G. Lindzey(Ed.). Handbook of social psychology Vol.2,

Addison-Wesley, 877-920. ②Jenkins, W. O. (1947). A review of leadership studies with particular reference to military problems. Psychological Bulletin, 44, 54-79. ③Mann, R. D. (1959). A review of the relationship between personality and performance in small groups. Psychological Bulletin, 56, 241-270.など。

[注26] 金井壽宏 (1991).『変革型ミドルの探究—戦略・革新指向の管理者行動—』白桃書房。行動研究およびコンティンジェンシー研究の具体的内容について詳説されているので参照されたい。

[注27] Yukl, G. A. (1981). Leadership in organizations. Prentice-Hall.

[注28] Gibb, C. A. (1954). Leadership, in G. Lindzey(Ed.). Handbook of social psychology Vol.2, Addison-Wesley, 877-920.

[注29] フィードラーの代表的な研究は、①Fiedler, F. E. (1964). A contingency model of leadership effectiveness, in L. Berkowitz (Ed.). Advances in experimental social psychology. Academic Press. ②Fiedler, F. E., (1967). A theory of leadership effectiveness. McGraw-Hill.など。

[注30] フィードラー・モデルの限界を指摘する議論として、①McMahon, J. T. (1972). The Contingency Theory: Logic Method Revisited. Personnel Psychology, 25(4), 697-710. ②Graen, G., Alvares, K., Orris, J. B., & Martella, J. A. (1970). Contingency model of leadership effectiveness: Antecedent and evidential results. Psychological Bulletin, 74(4), 285-296.など。

[注31] Yukl, G. A. (1981). Leadership in organizations. Prentice-Hall.

[注32] Schriesheim, C. A., & Kerr, S.(1977). Theories and measures of leadership: A critical appraisal of current and future directions, in J. G. Hunt & L. Larson (Eds.). Leadership: The cutting edge. Southern Illinois University Press, 9-45.

[注33] Strube, M. J., & Garcia, J. E. (1981). A meta-analytic investigation of Fiedler's contingency model of leadership effectiveness. Psychological Bulletin, 90, 307-321.

[注34] Fiedler, F. E. (1996). Research on leadership selection and training: One view of the future. Administrative science quarterly, 241-250. フィードラーは、この論文冒頭で「過去においてずっと不平と愚痴

が続いてきた。それは、私たちがリーダーシップについて価値あるものを、何も得ていないからであり、リーダーシップの理論と調査研究は、焦点に欠け、大混乱に陥っていて、リーダーシップが本当にあるのか？と問う研究者もいる」(p.241) とリーダーシップ研究に懸念を示している。この懸念は、本書冒頭で取り上げた「何もわかっていない」という言説に通じる。

[注35] Parry, K., & Bryman, A. (2006). I: 2.1 Leadership in organizations. The SAGE handbook of organization studies, 5(3), 447-465.

[注36] Pawar, B. S., & Eastman, K. K. (1997). The nature and implications of contextual influences on transformational leadership: A conceptual examination. Academy of Management Review, 22(1), 80-109.

[注37] Howell, J. M., & Shamir, B. (2005). The role of followers in the charismatic leadership process: Relationships and their consequences. Academy of Management Review, 30(1), 96-112.

第2章

[注38] Osborn, R. N., Hunt, J. G., & Jauch, L. R. (2002). Toward a contextual theory of leadership. The Leadership Quarterly, 13(6), 797-837.

[注39] Porter, L. W., & McLaughlin, G. B. (2006). Leadership and the organizational context: Like the weather?. The Leadership Quarterly, 17(6), 559-576.

[注40] 社会構成主義について、邦訳の理論書としては永田素彦・深尾誠訳『社会構成主義の理論と実践　関係性が現実をつくる』ナカニシヤ出版，２００４年、東村知子訳『あなたへの社会構成主義』ナカニシヤ出版，２００４年を参照されたい。実務寄りの読み物としては鮫島輝実・東村知子訳『関係からはじまる』ナカニシア出版，２０２０年をお勧めしたい。また、清宮徹『組織のディスコースとコミュニケーション─組織と経営の新しいアジェンダを求めて』同文館出版，２０１９年．は、社会構成主義の考え方をわかりやすく解説しているので参考にされたい。

[注41] 高橋正恭監，高橋正恭・多月博司・清宮徹編．『組織のメソドロジー』学文社，２０２０年．

[注42] Gergen, K. J. (2009). Relational being: Beyond self and community. Oxford University Press.（鮫島

輝実・東村知子訳『関係からはじまる』ナカニシヤ出版，2020年）

[注43] 清宮徹『組織のディスコースとコミュニケーション—組織と経営の新しいアジェンダを求めて』同文館出版，2019年．

[注44] Uhl-Bien, M. (2006). Relational leadership theory: Exploring the social processes of leadership and organizing. The Leadership Quarterly, 17(6), 654-676. この論文との出会いが無ければ、博士論文を執筆することはできなかったと断言できるほど私にとって重要な論文である。Uhl-Bienは、LMX理論の代表的研究者であるが、この論文で社会的プロセスとしてリーダーシップを捉える際の「実在視点」の限界を明言し、「実在視点」と「関係視点」を橋渡しする見方が必要であることを提言した。この提言は、私の研究に直接的な示唆を与えたと言える。博士論文のテーマを絞り込むためこのような論文との出会いは不可欠である。

[注45] 研究方法に関わる認識論については、須田敏子『マネジメント研究への招待：研究方法の種類と選択』中央経済社，2019年．が詳しいので参照されたい。

[注46] LMX研究の例として、①Graen, G. B., & Uhl-Bien, M. (1995). Relationship-based approach to leadership: Development of leader-member exchange (LMX) theory of leadership over 25 years: Applying a multi-level multi-domain perspective. The leadership quarterly, 6(2), 219-247. ②Schriesheim, C. A., Castro, S. L., & Cogliser, C. C. (1999). Leader-member exchange (LMX) research: A comprehensive review of theory, measurement, and data-analytic practices. The Leadership Quarterly, 10(1), 63-113. ③Dansereau Jr, F., Graen, G., & Haga, W. J. (1975). A vertical dyad linkage approach to leadership within formal organizations: A longitudinal investigation of the role making process. Organizational behavior and human performance, 13(1), 46-78.など。

[注47] 社会的ネットワーク理論の例として、Balkundi, P. & Kilduff, M. (2005). The ties that lead: A social network approach, leadership. Leadership Quarterly, 16, 941-962.など。

[注48] McCall, M. W., & Lombardo, M. M. (1978). Leadership: Where else can we go?. Durham, NC: Duke University Press.

[注49] ホスキングおよびダーラーの研究として、①Hosking, D.M. (1988). Organizing, leadership, and skilful process. Journal of Management Studies, 25, 147-166. ②Dachler, H. P., & Hosking, D. M. (1995). The primacy of relations in socially constructing organizational realities, in D. M. Hosking, H. P.

Dachler, & K. J. Gergen (Eds.). Management and organization: Relational alternatives to individualism. Avebury.

[注50] Drath, W. H. (2001). The deep blue sea: Rethinking the source of leadership. Jossey-Bass.

[注51] Hersted, L., & Gergen, K. J. (2013). Relational leading, Chagrin Falls, Ohio: Taos Institute Publications.

[注52] 最上雄太・阿部廣二 (2019).「再帰的リーダーシップ試論 正統的周辺参加論による関係的アプローチの課題克服可能性とその意義」『質的心理学研究』18,(1), 95-115.

第3章

[注53] Wassenaar, C. L., & Pearce, C. L. (2018). Shared leadership. The nature of leadership, 167-188.

[注54] Zhu, J., Liao, Z., Yam, K. C., & Johnson, R. E. (2018). Shared leadership: A state-of-the-art review and future research agenda. Journal of Organizational Behavior, 39(7), 834-852.

[注55] Hiller, N. J., Day, D. V., & Vance, R. J. (2006). Collective enactment of leadership roles and team effectiveness: A field study. The Leadership Quarterly, 17(4), 387-397.

[注56] Carson, J. B., Teシェアド・リーダーシップuk, P. E., & Marrone, J. A. (2007). Shared leadership in teams: An investigation of antecedent conditions and performance. Academy of Management Journal, 50, 1217-1234.

[注57] ヤマリーノらによれば、公式なリーダーの分析を含めてチーム・レベルのリーダーシップに焦点を当てる概念仮定は、シェアド・リーダーシップのみである。Yammarino, F. J., Salas, E., Serban, A., Shirreffs, K., & Shuffler, M. L. (2012). Collectivistic leadership approaches: Putting the "we" in leadership science and practice. Industrial and Organizational Psychology: Perspective on Science and Practice, 5, 382-402.

[注58] 公式的なリーダーの影響プロセスに着目する既存研究と組み合わせる実証研究例として D'Innocenzo, L., Mathieu, J. E., & Kukenberger, M. R. (2016). A meta-analysis of different forms of shared leadership-team performance relations. Journal of Management, 42, 1964-1991. ②Nicolaides, V. C., LaPort, K. A., Chen, T. R., Tomassetti, A. J., Weis, E. J., Zaccaro, S. J., & Cortina, J. M. (2014). The shared leadership of teams: A meta-analysis of proximal, distal, and moderating relationships. The leadership quarterly, 25(5), 923-942. ③Wang, D., Waldman, D. A., & Zhang, Z. (2014). A meta-analysis of shared leadership and team effectiveness. Journal of Applied Psychology, 99, 181-198. など。

第4章

[注59] Wassenaar, C. L., & Pearce, C. L. (2018). Shared leadership. The nature of leadership, 167-188.

[注60] Dirks, K. T., & Ferrin, D. L. (2002). Trust in leadership: Meta-analytic findings and implications for research and practice. Journal of applied psychology, 87(4), 611-628.

[注61] Shamir, B., & Lapidot, Y. (2003). Shared leadership in the management of group boundaries. Shared leadership: Reframing the hows and whys of leadership. CA: Sage. 235-249.

[注62] Elloy, D. F. (2008). The relationship between self-leadership behaviors and organization variables in a self-managed work team environment. Management Research News, 31, 801-810.

[注63] Chiu, C. (2014). Investigating the emergence of shared leadership in teams: The roles of team proactivity, internal social context, and leader humility. State University of New York at Buffalo.

[注64] Fausing, M. S., Joensson, T. Slewandowski, J., & Bligh, M. (2015). Antecedents of shared leadership: empowering leadership and interdependence. Leadership & Organizzzzzation Development Journal, 36(3), 271-291.

[注65] Hess, J. P. (2015). Enabling and sustaining shared leadership in autonomous teams. European Scientific Journal, 1, 82-95.

[注66] 石川淳 (2013).「研究開発チームにおけるシェアド・リーダーシップ：チーム・リーダーのリーダーシップ，シェアド・リーダーシップ，チーム業績の関係」『組織科学』46(4), 67-82.

[注67] またシェアド・リーダーシップは、チーム業績に正の影響を及ぼすものの、その影響力はチームが取り組んでいるタスク不確実性が高い方が高まることを明らかにした。

[注68] Masal, D. (2015). Shared and transformational leadership in the police. Policing: An International Journal of Police Strategies & Management.

[注69] Hooker, C., & Csikszentmihalyi, M. (2003). Flow, creativity, and shared leadership, Shared leadership: Reframing the hows and whys of leadership. CA: Sage. 217-234.

[注70] Bligh, M. C., Pearce, C. L., & Kohles, J. C. (2006). The importance of self-and shared leadership in team based knowledge work: A meso-level model of leadership dynamics. Journal of Managerial Psychology, 21, 296–318.

[注71] Kukenberger, M., Mathieu, J., D'Innocenzo, L., & Reilly, G. P. (2011). Shared leadership in teams: An investigation of the impact of team composition and performance. San Antonio, TX: Paper presented at the annual meeting of Academy of Management.

[注72] DeRue, D. S., Nahrgang, J. D., & Ashford, S. J. (2015). Interpersonal perceptions and the emergence of leadership structures in groups: A network perspective. Organization Science, 26, 1192–1209.

[注73] Hiller, N. J., Day, D. V., & Vance, R. J. (2006). Collective enactment of leadership roles and team effectiveness: A field study. The Leadership Quarterly, 17(4), 387-397.

[注74] Avolio, B. J., Jung, D. I., Murry, W., & Sivasubramaniam. N. (1996). Building highly developed teams: Focusing on shared leadership processes, efficacy, trust, and performance. Advances in Interdisciplinary Studies of Work Teams, 3, 173-209.

[注75] Bandura, A, (1986). Social foundations of thought and action: A social cognitive theory. Englewood Cliffs. New Jersey: Prentice Hall.

[注76] George, V., Burke, L. J., Rodgers, B., Duthie, N., Hoffmann, M. L., Koceja, V., ... & Gehring, L. L. (2002). Developing staff nurse shared leadership behavior in professional nursing practice.

Nursing Administration Quarterly, 26(3), 44-59.

[注77] Klein, K. J., Ziegert, J. C., Knight, A. P., & Xiao, Y. (2006). Dynamic delegation: Shared, hierarchical, and deindividualized leadership in extreme action teams. Administrative science quarterly, 51(4), 590-621.

[注78] Grille, A., & Kauffeld, S. (2015). Development and preliminary validation of the shared professional leadership inventory for teams (SPLIT). Psychology, 6(1), 75.

[注79] Wang, D., Waldman, D. A., & Zhang, Z. (2014). A meta-analysis of shared leadership and team effectiveness. Journal of Applied Psychology, 99, 181-198.

[注80] D'Innocenzo, L., Mathieu, J. E., & Kukenberger, M. R. (2016). A meta-analysis of different forms of shared leadership-team performance relations. Journal of Management, 42, 1964-1991.

[注81] Nicolaides, V. C., LaPort, K. A., Chen, T. R., Tomassetti, A. J., Weis, E. J., Zaccaro, S. J., & Cortina, J. M. (2014). The shared leadership of teams: A meta-analysis of proximal, distal, and moderating relationships. The leadership quarterly, 25(5), 923-942.

[注82] DeRue, D. S., Nahrgang, J. D., & Ashford, S. J. (2015). Interpersonal perceptions and the emergence of leadership structures in groups: A network perspective. Organization Science, 26, 1192-1209.

[注83] (Mathieu, Kukenberger, D'Innocenzo, & Reilly, 2015)

[注84] Grille, A., & Kauffeld, S. (2015). Development and preliminary validation of the shared professional leadership inventory for teams (SPLIT). Psychology, 6(1), 75.

[注85] Sousa, M., & Van Dierendonck, D. (2015). Introducing a short measure of shared servant leadership impacting team performance through team behavioral integration. Frontiers in psychology, 6.

[注86] Ensley, M. D., Hmieleski, K. M., & Pearce, C. L. (2006). The importance of vertical and shared leadership within new venture top management teams: Implications for the performance of startups.The Leadership Quarterly, 17, 217-231.

［注87］Hmieleski, K. M., Cole, M. S., & Baron, R. A. (2012). Shared authentic leadership and new venture performance. Journal of Management, 38(5), 1476-1499.

第5章

［注88］箕浦康子 (2009). 箕浦康子編『フィールドワークの技法と実際Ⅱ 分析・解釈編』ミネルヴァ書房.

［注89］たとえば、①Bryman, A. (2016). Social research methods (5th ed.). Oxford university press. ②Bell, E., Bryman, A., & Harley, B. (2015). Business research methods (4th ed.). Oxford university press. など。

［注90］伊藤 (2018) によれば、ある出版社のデータベースにおける記事の数の推移を調べたところ、２００８年からエスノグラフィーの関連の記事が多くなってきていると言う。

［注91］我が国においては、「組織エスノグラフィー」についてのおそらく初めての専門書であり、経営学分野でエスノグラフィーを導入しようと考えている研究者の入門書であると言える。

［注92］Gardner, W. L., Lowe, K. B., Meuser, J. D., Noghani, F., Gullifor, D. P., & Cogliser, C. C. (2020). The leadership trilogy: A review of the third decade of the leadership quarterly. The Leadership Quarterly, 31(1), 1-26.

第6章

［注93］ダイアローグ概念を読み解く論文として、①バフチン，M，M，伊東一郎・佐々木寛訳『ドストエフスキーの創作の問題』平凡社，２０１３年．②Holquist, M. (1990). Dialogism: Bakhtin and his world. Routledge.（伊藤誓訳『ダイアローグの思想：ミハイル・バフチンの可能性』法政大学出版局，１９９４年）③田島充士 (2014).「異質さと向き合うためのダイアローグ：バフチン論からのメッセージ（特集 対話）」『心理学ワールド』64, 9-12. など。

［注94］桑野隆. (2008).「ともに」「さまざまな」声をだす 対話的能動性と距離. 質的心理学研究, 7(1), 6-20.

［注95］ガーゲンは、「多声的な組織とピラミッド型組織」という用語を用いているが、本書では、バフチンが用いる「ポリフォニーとモノローグ」に対応させ後者を「モノローグ組織」と呼ぶことにする。Hersted, L., & Gergen, K. J. (2013).

Relational leading, Chagrin Falls, Ohio: Taos Institute Publications.

最終章

[注96] シェアド・リーダーシップ発生の効果性を議論する論文として ①Ensley, M. D., Hmieleski, K. M., & Pearce, C. L. (2006). The importance of vertical and shared leadership within new venture top management teams: Implications for the performance of startups.The Leadership Quarterly, 17, 217-231. ②Hmieleski, K. M., Cole, M. S., & Baron, R. A. (2012). Shared authentic leadership and new venture performance. Journal of Management, 38(5), 1476-1499. ③Pearce, C. L., & Wassenaar, C. L. (2014). Leadership is like fine wine. Organizational Dynamics, 43(1), 9-16. など

筆者主要著作

『シェアド・リーダーシップが発生するメカニズムの質的研究　組織変革チーム「挑戦者の会」のエスノグラフィー』多摩大学博士論文．２０２３年．

「社会構成主義に依拠したリーダーシップ研究―組織ディスコース研究の可能性―」『経営情報学会誌』31巻　1号，1-11，２０２２年（単著）．

「再帰的リーダーシップ試論―正統的周辺参加論による関係的アプローチの課題克服可能性とその意義―」『質的心理学研究』18号，95-115，２０１８年（共著）．

「再帰的なリーダーシップ概念の予備的検討―映画『幕が上がる』を事例として」『青山社会情報研究』10巻，13-35，２０１８年（単著）．

Index

索引

い

石川 淳・・・・・・・・・・ 28, 59, 65, 67, 112

う

上野（支社長）・・・・・・・95-97, 101-104, 他多数

え

SNS日記・・・・・98, 154, 161-162, 他多数

エスノグラフィー・・・・・・・5, 8-9, 73, 75, 79-80, 90, 93, 99, 222, 238, 252

エマージェント・リーダーシップ・・25, 242

LMX研究／理論・・・・・・・・・・・・・・47, 51

か

ガーゲン（K. J. Gergen）・・・・・42, 44-46, 49, 50-51, 88-90, 241, 252

解釈的アプローチ・・・・・・・・9, 44, 74-79

改善者の会・・・・・95, 97, 105, 110, 112, 他多数

価値体系・・・・・・・・89, 94, 99, 101, 117, 139-140, 142, 165, 167, 176, 216

金井 壽宏・・・・21, 35, 80, 241, 243, 245

関係アプローチ・・・・・25-27, 41, 46-53, 56, 81, 90-91

関係視点・・・・46-49, 52-53, 55-56, 73, 247

関係的主導・・・・・・51, 89-90, 141-142, 175-177

く

桑野 隆・・・・・・・・・・・・・・・・85-86, 252

け

結果因子・・・・・・・・・ 60, 64, 68-72, 222

権威的な言葉・・・・・・・・・・・・83-84, 181

言語・・・ 42-43, 84, 137, 139, 156, 160, 201

こ

行動研究・・・・・・・・ 32, 34-36, 243, 245

声・・・・・・67-68, 83, 85-89, 138, 155, 252

個人主義・・・9, 122-123, 131, 140-142, 149, 225

コンティンジェンシー研究・・・32, 34, 36, 38, 48, 244-245

さ

再帰性・・・・・・・・・・・・・・・・・・・・・5, 223

「慚愧」・・・・・・・・・・・・・・ 155, 194, 230

「慚愧」の表明・・146, 153, 191, 194, 229

「慚愧」の共鳴・・・・・178, 192, 194-196, 199-200, 204, 218, 220, 222, 230

索引

三幅対 ・・・218-220, 223, 228, 234, 238

し

シェアド・リーダーシップ・・・・ 5-10, 25, 27-28, 他多数

——の定義・・・・・・・・・・・・ 29, 58 ,219

——の効果・・・・・・・・・・・・ 58, 65, 225

——の未解明点・・・・・・・・・・・・・・・・60

——の先行研究・・・・・・・・ 60, 222-223

——の発生・・・・・・ 10, 61, 65-66, 200, 205, 207, 211, 213, 218-219, 221, 223, 226, 233-234

——をつくる５つの戦略 ・・・・・ 18, 226

実在視点・・・・・・ 46-49, 52-53, 72, 247

実証主義・・・・・ 3-5, 46-49, 74-76, 223

社会構成主義・・・・・ 3-5, 25-26, 41-47, 49-52, 74, 77, 79, 89-90, 223-224, 241, 246, 253

社会的プロセス ・・・4, 25-26, 39, 43, 47, 54, 56, 60, 243, 247

社会的現実 ・・・4, 49-50, 72, 77, 79-80, 89

社会的ネットワーク理論・・・・・・・ 47, 247

社会的な秩序・・・・・・・・・・・・・・・・・・・50

16の言葉 ・・・・ 116-117, 132, 140, 155, 217

自律的 ・・・ 6, 8, 29, 57-59, 61, 89, 167, 199-200, 206, 213, 219, 222, 226, 233

す

ズーら (Zhu et al.)・・・・・26, 54-56, 64, 71-72

ストッディル (Stogdill, R. M.)・・ 23-24, 33-36

せ

成果主義による狭窄・・・・・101, 117, 120, 122-123, 131, 137, 139-142, 150, 182, 216-217, 227

Z支社・・・73, 90-91, 93-97, 101, 他多数

セルフ・リーダーシップ ・・・・・・・ 25, 242

先行因子・・・・55, 60, 64-65, 67-68, 71, 222

た

ダーラー(Dachler, H. P.)・・・・・・・49-50

ダイアローグ・・・・・・・ 80-89, 99, 他多数

田島 充士 ・・・・・82, 84-86, 88, 154, 252

多声的な組織・・・・・・73, 88-91, 99, 104, 142-143, 215, 226, 252

多声的 ・・・・・・・・・・・・ 9, 200, 213, 222

タテの関係 ・・・7, 24, 26-27, 29, 31-32, 50, 53-56, 64-65, 144, 150, 177

タテの壁・・・3-5, 24-26, 32-36, 38, 40, 48, 52-53, 61, 63, 73, 244

タテの変化 ・・・ 176-177, 196, 198, 200, 207, 218

ち

チーム・リーダーシップ ・・・・・・・・・・・241

チェマーズ（Chemers, M. M.）・・・・・243

知識の歴史的文化的特殊性 ・・・・・・42-43

チャレンジ活動 ・・・・・・・・ 95, 97, 他多数

挑戦者の会 ・・・・8, 16, 95, 97-98, 他多数

と

特性研究・・・・・・3, 5, 23, 32-34, 37-38, 243, 244

特性への回帰・・・・・・・・・・・・・・・・・・・35

ドラス（Drath, W. H.）・・・・・・・・・・49-51

な

内的説得力のある言葉 ・・・・・・・・・・・・83

「何もわかっていない」という言説 ・・・・・・ 22-23, 31, 35

に

二項対立・・・・・・・・・・・ 3, 26, 53, 61, 73

ニューリーダーシップ研究 ・・・32, 38-40, 47-48, 61, 244

の

ノーサウス（Northouse, P. G.）・・・・・243

は

ハーステッドとガーゲン（Hersted & Gergen）・・・・・・・・・・・・・・・・・49-50

ハーモニー ・・・・・・・・・ 6-7, 28, 57, 222

Hi-Hi型 ・・・・・・・・・・・・・・・・・・・・・35

バフチン（M, M, Bakhtin）・・82-88, 252

反実在論・・・・・・・・・・・・ 42-43, 45, 50

バンデューラ（Bandura, A.）・・・・・・・・69

反本質主義 ・・・・・・・・・・・・・・・・42-45

ひ

ピアース（Pearce, C. L.）・・・・ 54, 64, 67

ふ

分厚い記述 ・・・・・・・・・・・・・・・・・5, 79

フィードラー（Fiedler）・・・32, 36, 37-38, 48, 245

フィールドワーク・・・・・・・・9, 15, 73, 75, 93-95, 97, 99, 104, 146, 252

フィールドワーカー ・・・・・・・・75, 79-80

複雑性リーダーシップ ・・・・・・・・ 25, 241

分散リーダーシップ・・・・・・・・・・ 25, 241

ほ

ホスキング（Hosking, D.M.）・・・・・49-50

ポリフォニー・・・・・・・・・・・・88-89, 252

み

３つの言葉（ウィルス）・・・139, 155-156, 160

箕浦 康子 ・・・・・・・・ 74-77, 79, 99, 252

む

矛盾と揺らぎ・・・・・・・・・・・・・・ 179, 184

も

モノローグ・・・9-10, 73, 83-84, 86-88, 90-91, 99, 101, 他多数

——組織・・・225-227, 232-233, 236, 253, 他多数

——の自覚・・・・・・ 162, 165, 167-168, 170, 172, 174-178, 181, 183, 186, 188-189, 191, 194, 195, 198-200, 204, 218, 229

——の関係・・・・・・・ 84, 101, 112, 116, 122-123, 126, 129, 131, 136-137, 140-142, 144, 148, 150, 153-155, 166-167, 176, 179, 182, 186, 188-189, 191, 198, 216-217

や

「やってみる」・・・・・・・・・・ 168, 170-171, 173-177, 196, 198-200, 205-207, 209-210, 218, 220-222, 230-231

ゆ

ユール・ビエン (Uhl-Bien, M.)・・・46, 48, 52-53

よ

ヨコの関係・・・7, 24-27, 31, 53-56, 64, 67, 177

ヨコの壁・・・3-4, 24, 26, 52-53, 61, 63, 73, 91

ヨコの変化・・・176-177, 199-200, 204, 218

り

リーダー中心アプローチ・・・・・23-24, 26, 32, 48, 51-53, 89

リーダーの役割・・・6, 27, 38, 55-56, 70, 72, 175, 177, 200, 224

リサーチ・クエスチョン・・・・・・ 9, 71, 73

理論的意義・・・・・・・・・・・・ 10, 221-223

「論理的整合性」と「経験的妥当性」・・・・78

著者紹介

最上 雄太（モガミ ユウタ）

株式会社IDEASS（イデアス）取締役。1970年山形県山形市生まれ。シェアド・リーダーシップ開発の専門家として、組織開発・リーダー開発支援に従事。多摩大学院経営情報学研究科博士課程修了。経営情報学博士。主要著作は、『シェアド・リーダーシップが発生するメカニズムの質的研究 組織変革チーム「挑戦者の会」のエスノグラフィー』多摩大学博士論文.2023年など。

シェアド・リーダーシップ入門

2023年7月1日　初版第1刷発行

著者　最上 雄太
発行者　笠井 健
発行所　株式会社国際文献社
〒162-0801 東京都新宿区山吹町358-5
電話　03-6824-9360
FAX　03-5227-8671
URL　https://www.bunken.co.jp

印刷・製本　株式会社国際文献社
デザイン・組版　48デザイン
校正　和田 裕子

ISBN 978-4-910603-20-9　C3034　Printed in Japan
定価は外装に表示してあります